Engelhorn Bücherei

Kleine Geschichten über die Jagd

Gesammelt
und herausgegeben
von Urs Rose

Engelhorn Verlag
Stuttgart

Aufbruch zur Jagd

Inhalt

Gottfried Benjamin Hancke

Auf, auf zum fröhlichen Jagen

Auf, auf zum fröhlichen Jagen,
auf in die grüne Haid!
Es fängt schon an zu tagen,
es ist die höchste Zeit!
Auf, bei den frohen Stunden,
mein Herz ermuntre dich!
Die Nacht ist schon verschwunden
und Phöbus zeiget sich.

Seht, wie das Heer der Sterne
den schönen Glanz verliert
und wie sie sich entfernen,
wenn sich Aurora rührt!
Die Vöglein in den Wäldern
sind schon vom Schlaf erwacht
und haben auf den Feldern
ihr Morgenlied gebracht.

Das edle Jägerleben
vergnüget meine Brust;
den kühnen Fang zu geben,
ist meine größte Lust.
Wo Reh und Hirsche springen,
wo Rohr und Büchse knallt,
wo Jägerhörner klingen,
da ist mein Aufenthalt.

Sind unsre matten Glieder
vom Sonnenglanz erhitzt,
so legen wir uns nieder,
wo frisches Wasser spritzt,
wo Zephyrs sanftes Blasen
der Sonne Glanz besiegt,
da schläft man auf dem Rasen,
mit Anmut eingewiegt.

Das Gras ist unser Bette,
der Wald ist unser Haus;
wir trinken um die Wette
das klare Wasser aus.
Laßt drum die Faulen liegen,
gönnt ihnen ihre Ruh:
Wir jagen mit Vergnügen,
dem schönen Walde zu.

José Ortega y Gasset

Definition der Jagd

... *Jagd ist das, was ein Tier ausübt, um sich eines andern, lebendig oder tot, zu bemächtigen, das einer Gattung angehört, die der eigenen vital unterlegen ist.* Umgekehrt *darf* diese Überlegenheit des Jägers über das Wild *nicht absolut sein,* wenn Jagd möglich sein soll. Hier beginnt der Fall wirlich delikat und interessant zu werden.

Man vergesse nicht, daß wir jetzt nicht nur von der sportlichen Jagd sprechen, sondern von jeglicher Jagd, sowohl der menschlichen wie der außermenschlichen. Damit nun wirklich dieses bestimmte Ereignis zustande komme, das wir Jagd nennen, muß das begehrte Tier seine *Chance* haben, muß es grundsätzlich auch entwischen können; das heißt, es muß über Mittel von einiger Wirksamkeit verfügen, um der Verfolgung zu entgehen, denn die Jagd ist genau betrachtet die Reihe von Bemühungen und Geschicklichkeiten, die der Jäger aufwenden muß, um mit ausreichender Häufigkeit über die Gegenwirkungen des gejagten Tieres Herr zu werden. Wenn es diese nicht gäbe, wenn die Unterlegenheit des Tieres absolut wäre, so hätten die jagdlichen Fähigkeiten keine Gelegenheit, sich zu entwickeln oder, was dasselbe ist, das eigentümliche Faktum der Jagd existierte überhaupt nicht. Wenn ich dem jagenden Tier das gejagte gegenüberstelle, so meine ich das begehrte und verfolgte, das sehr wohl auch nicht erreicht werden kann. *Es ist für die Jagd nicht wesentlich, daß sie erfolgreich ist.* Im Gegenteil, wenn die Anstrengung des Jägers immer und unfehlbar von Erfolg gekrönt wäre, dann wäre es keine *jagdliche* Anstrengung, sondern etwas anderes. Der Möglichkeit oder *Chance* auf seiten des Wilds, dem Jäger zu entkommen, entspricht auf seiten des Jagenden die Möglichkeit, ohne Beute heimzukommen, *rentrer bredouille.* Der ganze Reiz des Jagens besteht darin, daß es immer problematisch ist.

Zwischen der jagenden und der gejagten Gattung muß eine ganz bestimmte Distanz in der zoologischen Skala sein. Weder diesseits noch jenseits dieser vitalen Distanz kann sich

zwischen ihnen die jagdliche Beziehung ergeben. Wie ich schon sagte, jagt man weder den Überlegenen noch den fast Ebenbürtigen, aber auch nicht den allzu Unterlegenen, weil dieser dann nicht »seinen Spielraum« haben kann. Der Sportsmann ist im Irrtum, wenn er glaubt, es sei eine Erfindung von ihm, dem Tier »seinen Spielraum zu lassen«, aus reiner Freundlichkeit des Ritters von der Tafelrunde. Zweifellos läßt der Mensch dem Tier wohlüberlegt und aus freiem Willen diesen Raum offen. Er könnte den größten Teil der Tierarten ganz leicht und mit einem Schlag vernichten, zum mindesten gerade diejenigen, die er so gerne jagt. Weit davon entfernt, dies zu tun, hält er seine vernichtenden Kräfte in Schranken, er begrenzt sie und reguliert sie – das Veto *par excellence* ist die Schonzeit –; er bemüht sich, das Leben der Tierarten zu sichern, und vor allem läßt er ihnen im jagdlichen Umgang ihren Spielraum. Darin *ahmt* er aber auch nur *die Natur nach*. Denn die außermenschliche Jagd ist an sich schon dieses Spiel, sonst wäre es keine Jagd. Wenn der Mensch also jagen will, bleibt ihm, ob er will oder nicht, gar nichts übrig, als dem Tier dieses Zugeständnis zu machen. Deshalb sage ich, es ist keine bloße Freundlichkeit von ihm. Handelte er nicht so, so würde er nicht nur die Tiere vernichten, sondern nebenbei das Jagen selbst, das ihn so begeistert. *In der Jagd als Sport ist also ein ganz freier Verzicht des Menschen auf die Überlegenheit seines Menschentums enthalten.* Das ist der ihr eigene edle Anstand. Anstatt alles zu tun, was er als Mensch tun könnte, legt er seinen übermäßigen Gaben Schranken auf und bemüht sich, die Natur nachzuahmen, das heißt, er macht aus freiem Entschluß einen Schritt zurück und gliedert sich in ihr ein. Das ist vielleicht ein erster Einblick, warum es für den Menschen eine solche Wonne ist zu jagen...

Karl Bunsen

Lob der edlen Jägerei

Des Waidmanns Ursprung liegt entfernt,
Dem Paradiese nah:
Da war kein Kaufmann, kein Soldat,
Kein Arzt, kein Pfaff, kein Advokat;
Doch Jäger waren da!

Ergötzlichkeit ist sein Beruf,
Vergnügen seine Pflicht.
Drum pfuscht auch alt und jung so gern
Ins Handwerk ihm; selbst große Herrn
Erröten drüber nicht.

Er zeigt im Wald und beim Gelag
Den Helden und den Herrn.
Drum sind ihm auch die Weiblein hold
Und zahlen ihm den Minnesold
Vor allen andern gern.

Rasch geht's hinaus, und vor ihm her
Springt sein getreuer Hund.
Die Lerche singt, der Häher schreit
Und macht verrätrisch weit und breit
Des Siegers Dasein kund.

Mit reicher Beute kehrt er dann
Beladen spät nach Haus
Und ruht mit königlicher Lust
An seines treuen Liebchens Brust
Von aller Arbeit aus.

Peter Huchel

Erstes Lese-Erlebnis

Für einen phantasievollen Jungen war aus der Bibliothek des Großvaters, sofern sein Sammelsurium an Büchern diese Bezeichnung überhaupt verdiente, nicht viel zu holen. Auf jeden Fall nichts, was den kindlichen Gesichtskreis erweitert hätte, kein *Sindbad der Seefahrer,* kein *Robinson Crusoe,* kein *Eulenspiegel* und *Reineke Fuchs.* Neben englischen Gespensterromanen, meist beim Hofbuchhändler Dienemann in Potsdam gekauft, standen, zumindest ins Auge springend, die *Volksschriften zur Umwälzung der Geister, Schriften der freireligiösen Gemeinde,* ein Bändchen aus *Meyers Groschenbibliothek der deutschen Classiker für alle Stände,* die Bibel und einige Gesangbücher. Als ich durch Zufall dann im Gewehrschrank die grünen Bände des *Forst- und Jagd-Archivs von und zu Preußen* fand, begann das erste Leseabenteuer meines Lebens. Ich will erzählen, was in den frühen

Januartagen 1913 passierte, nicht allein aus der Erinnerung, sondern mit Hilfe der elf kartonierten Bände des *Jagd-Archivs,* die ich heute noch besitze. Sie liegen, ein wenig ramponiert, vor mir auf dem Tisch.

Mein Großvater hatte vergessen, den Schlüssel vom Gewehrschrank abzuziehen, er versteckte ihn meist im Fensterkasten. Ich schloß die Tür auf. Die Handfeuerwaffen mit langem Lauf, die Schrotflinten, Hinterlader, Drillinge kannte ich längst, aber im Fach unter den Gewehren, ich witterte es, lag das Geheimnisvolle, begraben unter verstaubten russischen Eisenbahn-Obligationen, Holztaxen und handgeschriebenen Kuhbeschwörungen, ich kramte, stöberte und förderte einen zusammengeschnürten Packen Bücher zutage.

Der preußischen Strenge meines Großvaters, der mich aufzog, und den klaren Wassern meiner Heimat verdanke ich es, daß ich das lange Lineal fürchtete und das Schilfrohr liebe. Ich verschloß die Tür, legte den Schlüssel in den Fensterkasten und verschwand rasch mit meiner Beute über die wurmstichige Treppe in mein Mansardenzimmer. Hier stand, neben mancherlei Gerümpel, sehr dekorativ, ein zerschlissenes Halbsofa. Der richtige Raum, um mich in den nächsten Tagen ungestört der Lektüre hingeben zu können. Es gab etwas auf der Welt, das ausschließlich mir und keinem anderen gehörte, es war gestohlen, das erhöhte den Reiz.

Ich zerriß den Bindfaden und blies den Staub von den Büchern. Auf jedem der kartonierten Bände war dasselbe Deckelbild, eine Gravüre, die einen jungen Forstmann in grüner Uniform mit betreßten Epauletten zeigte, in langen, bis über die Knie reichenden, Stulpstiefeln saß er auf einem erhöhten Rasenstück. Der umgeschnallte Säbel, die Jagdflinte, der Jagdhund zu seinen Füßen, die Forstkarte, die er betrachtend in den Händen hielt, alles trug dazu bei, ihm etwas Königliches zu verleihen. Die baumpflanzenden Waldarbeiter, sehr klein, im Hintergrund, unterstrichen noch diesen Eindruck.

Das also war Georg Ludwig Hartig, »Königl. Preußischer Ober-Landforstmeister, Staatsrath und Mitglied mehrerer deutschen und französischen gelehrten Gesellschaften«.

So jedenfalls konnte man es auf elf vergilbten Titelseiten lesen, seine Beiträge, die *Sachen vermischten Inhalts*, bescheiden mit H. gezeichnet, fingen alle mit »Über« an. Über die besten Mittel, ein gutes Rebhuhngelege anzulegen und zu erhalten. Über die merkwürdige Bildung einer Hasenblume. Über die kannibalische Neigung eines Windhundes und das merkwürdige Gedächtnis eines Hühnerhundes. Über die Vergiftung der Wölfe durch Krähenaugen.

Für einen Jungen war diese Über-Lektüre schlechthin überwältigend. Meine Bewunderung war groß: Staatsrat, Forstmann und Schriftsteller zugleich. Schließlich wurden die Sachen vermischten Inhalts nicht nur in Preußen, sondern auch in den Kreisen mehrerer deutschen und französischen Gesellschaften gelesen. Wie hieß

es doch in *Zweck und Plan* des *Forst- und Jagd-Archivs:* »Diese Zeitschrift ist – wie ich in der Einladung zur Theilnahme schon bemerkt habe –, dazu bestimmt, das Organ zu seyn, wodurch die preußischen und, wenn es ihnen gefällig ist, auch die ausländischen Forstleute, Waldbesitzer, Jäger und Jagdliebhaber einander mitteilen, Belehrung einholen, und sich auf eine nützliche und angenehme Art unterhalten können.«

Eine Fundgrube angenehmen und nützlichen Wissens, nirgendwo, in keinem andern Buch wurde soviel Platz für eigene Gedanken und Träume bereitgestellt. In meiner Phantasie wohnte der Staatsrat und Schriftsteller in einem Gutsgebäude, das dem Anwesen meines Großvaters ähnelte. »Ein Barockbau aus dem Anfang des achtzehnten Jahrhunderts«, hörte ich meinen Großvater zu den Besuchern sagen, »siebenachsige Fassade, Mansardwalmdach.« Die Besucher standen im Hühnerdreck auf dem Hof und staunten die siebenachsige Fassade an, in breiten Strängen bröckelte der Verputz ab, sie sahen das von Stürmen und Vereisungen angebissene Mansardwalmdach.

In einem solchen Anwesen, nicht so lädiert,

die Fassade war neu verputzt, die Dachschäden mit roten Ziegeln ausgebessert, wohnte H. Ich besuchte ihn, er saß im Zimmer mit dem großen Barometer an der Wand und philosophierte, den hohen Pfeifenkopf aus Porzellan mit einer Stricknadel reinigend, wie falsch es sei – er schriebe gerade darüber –, die Kienäpfel vom Wagen aus mit der Schaufel zu säen, die Zapfen würden dann ungleich und schlecht verteilt, die Saat von Hand sei immer die beste Saat. Draußen tobte ein Schneesturm. H. preßte die Stirn an die Fensterscheibe, das Zimmer war überheizt, doch mit kühlem Kopf philosophierte er weiter, es entbehre jeder Logik und sei eine bloße Theorie, die der Praxis nicht standhielte, jedesmal mit dem Holzschlag aufzuhören, wenn ein Schneesturm treibe, und nur zu arbeiten, wenn weich Wetter sei. Ich nickte benommen, manches blieb mir rätselhaft, aber hier sprach eine Stimme, die gehört werden sollte. Er wechselte das Thema, wir sprachen vom Wolfsfang in Schweden vermittels 12 Fuß langer Palisaden, die 2 Fuß in die Erde kommen. Er holte ein Gewehr aus der Ecke. »Die Curische Büchse«, sagte er feierlich, »sie schießt ein kleines Blei, nicht stärker als ein Kirschkern, vortrefflich geeignet für die Auerhahnjagd.«

Mit meinem Wissen ging es steil aufwärts. Ich war wie umgewandelt, die Tage kehrten nicht in die alte Ordnung zurück, sie liefen ungewöhnliche Wege, ich wagte den Schritt ins Unbekannte und schloß mich den Dienstreisen des Ober-Landforstmeisters an. Wir besichtigten in Schmelze am 21. September 1818 den »dreimal in einem Jahr blühenden Vogelbeerbaum«, den Raupenfraß im Nadelholz der Oberlausitz, wir nahmen im Winter an Wolfs- und Elchjagden in Preußisch Litauen teil. Schlittenfahrten, verschneites Röhricht, spiegelglatte Seen, abends lagen wir auf Bärenfellen vor mächtigen Lagerfeuern und blickten der glühenden Asche nach, die in den Himmel stieg. An der Seite des Ober-Landforstmeisters fühlte ich mich von Freundschaft und Fürsorge umgeben. Es war eine glückliche Zeit.

Heimgekehrt von diesen weiten strapazierenden Jagd- und Inspektionsreisen, saß ich müde und abwesend am Alt-Langerwischer Mittagstisch, löffelte die Linsensuppe, stocherte in den Kartoffeln herum, ganz Preußen gewann schärfere Konturen. Niemand fragte nach meinen Abenteuern, im Geist ließ ich sie an mir vorüberziehen und nahm plötzlich eine drohende Haltung an, weil ich noch einmal den Wolf erspähte, der in der Küstriner Kiehnenheide aus dem Unterholz brach. Ein unheilvolles Schweigen lag in der Luft, mein Großvater beobachtete mich, fand aber keinen triftigen Grund, zum langen Lineal zu greifen. So retirierte ich wieder ins Mansardenzimmer hinauf und las ungestört im preußischen *Forst- und Jagd-Archiv,* dessen vergilbte Seiten nach verrottetem Eichenlaub rochen, bis ich am späten Nachmittag, es war schon dunkel, auf eine neue Sache vermischten Inhalts stieß:

Holzhauerstiefel von ganz eigener Art

In einigen Gegenden von Preußen sind die Waldungen sehr bruchig und nur im Winter bei starkem Frost zugänglich. Auch ist es dort im Winter gewöhnlich sehr kalt und der Boden mit tiefem Schnee bedeckt. Die Holzhauer müssen daher für eine warme Fußbekleidung sorgen, wenn sie nicht Gefahr laufen wollen, die Füße zu erfrieren. Um diesen Zweck auf die wohlfeilste Art zu erreichen, sind sie schon vorlängst auf den Gedanken gekommen, sich Stiefel von Eis zu machen. Diese werden auf folgende Art fabricirt:

Der Holzhauer bewickelt sich die Beine bis an die Knie dick mit alten Lumpen, und als Sohle befestigt er eine Flechte von Lindenbast. Ist dies geschehen, so tritt er bis an die Knie in den Schlamm, zieht die Beine heraus und läßt den Schlamm gefrieren. Hierauf wiederholt er dieses noch ein- oder einigemal, und die Eisstiefel sind fertig. – Da der Schlamm in die Lumpen nicht tief eindringt, und das Eis weder Wasser noch Wärme durchläßt, so wird der Zweck, die Füße im tiefsten Schnee warm und trocken zu erhalten, vollkommen erreicht.

Meine Verblüffung war groß, ich kannte einige Holzhauer im Dorf, nie hatte ich an ihren Füßen diese Holzhauerstiefel von ganz eigener Art gesehen. Sofort fielen mir H.'s Worte über den Holzschlag im Schneesturm ein, dazu paßten die Stiefel, gepicht aus Schlamm und Eis. Nein, hier stimmte etwas nicht, aber da stand es schwarz auf weiß, gedruckt auf Seite

113, zweiter Jahrgang, drittes Heft, mit H. unterzeichnet. Das Bild, das ich mir von H. gemacht hatte, drohte jeglichen Glanz zu verlieren, eine Welt ging fort, in der ich lange zu bleiben gedachte. War mein Leben doch mit dem des Forstmeisters eng verflochten, zwei Bäume, nahe beieinander, kappte man des einen Wurzeln, verletzte man auch den andern.

Seine Bereitschaft für mich war ohne Schranken gewesen. Sollte ich die Wolfsjagden im Litauischen aufgeben? War es überhaupt möglich, ohne sein Wissen die Vernarbung der Bohrlöcher der Schwanzwespen in den Rottannen zu begreifen, die Geheimnisse der Luche und Rohrlaken zu enträtseln? Auch das Geheimnis des »ungewöhnlich lange schreienden Hirsches« im königlichen Forst Grimnitz war noch zu lösen, ohne Zweifel war es nicht der übermäßige Genuß der starken Eichelmast, die den Zwölfender so mächtig röhren ließ, daß die umliegenden Dörfer nicht schlafen konnten. Sollte ich von nun an ohne seine Führung durchs Revier streifen und allein Remisen anlegen, um das Wild gegen Füchse, Marder, Krähen und Elstern zu schützen?

Ich erkannte das Mißliche meiner Lage. H. hatte sich meiner Gedanken bemächtigt. Seit dem Tag, da ich ans Jagdarchiv geriet, galt es als ausgemacht, daß er mein Freund war. Jetzt fehlte mir der Mut, aus dem schützenden Dickicht zu kriechen, in das er mich geführt hatte. Eine quälende Leere war im Zimmer, mit zwiespältigen Gefühlen betrachtete ich die Gravüre.

Aber die Trennung von H. war schon vollzogen. Ich ließ ihn fallen, verstieß ihn, ich tauschte ihn gegen die Holzhauer ein. Und empfand diesen Tausch als Niederlage. Ich erkannte das Unzulängliche der Darstellung der Eisstiefel-Fabrikation. H. wollte den Kopf des Lesers in einen Sack voll Unwissenheit stecken. Die eigene Vernunft in Unsinn zu verkehren, das konnte dem Fuchs so passen.

Alte Lumpen – gut, die neuen brauchten die Frauen, um die Jacken und Hosen ihrer Männer auszubessern. Aber wie lange hielten die alten Lumpen an den Beinen der Holzhauer? War die Lindenbastsohle einmal, zweimal zu verwenden? Oder vielleicht den ganzen Winter über? Bei wieviel Grad Kälte mußte die ganze

Prozedur vor sich gehen? War es überhaupt möglich, im Freien an einem Schlammloch Eisstiefel anzufertigen?

Von meinem Großvater hatte ich gelernt, daß man seinen Gefühlen nicht trauen soll, überprüfe die Wirklichkeit, mit halben Maßnahmen ist nichts getan.

Am nächsten Morgen, der Mond stand noch am Himmel, lief ich über die verharschten Wiesen zum Langerwischer Mittelgraben. Es knirschte unter den Füßen, eine gläserne Kälte hatte sich in den morastigen Boden genistet, der Schlamm war hart, von einem Gewebe aus Eisnadeln übersponnen. Ich schlug mit dem Hacken meines Stiefels auf die gefrorene Kruste, unmöglich, hier im Freien die Lumpen mit nassem Schlamm einzuschmieren. Demnach mußte das Rohmaterial für die Eisstiefel in die Holzfällerküche gebracht und in einem Eimer vor dem Feuer aufgetaut werden. Bei wieviel Grad unter Null, auch das hatte H. in seinem Bericht unterschlagen, wurden die eingeweichten Lumpen so steif, daß sie sich in wasserdichte Stiefelschäfte verwandelten? Bei strengem Frost ging es schnell, doch bei mäßiger Kälte, wie lange dauerte dann das Festwerden dieser Wunderfabrikation? Auf jeden Fall mußten die Holzhauer bereits im Morgengrauen aus der Küche auf den Hof hinaustreten und die mit Schlamm bestrichenen Beine der Kälte aussetzen. Es war an der Zeit, H.'s Ungereimtheiten zu klären.

Abends lief ich zum Büdner Sellin, der schon mehr als die Hälfte eines durchschnittlichen Holzhauerlebens hinter sich gebracht hatte. Er saß mit nacktem Oberkörper am Küchenfeuer, seine Frau rieb ihm mit Franzbranntwein die rheumatische Schulter ein, er stöhnte leise, an seinem linken Fuß waren die frostbeuligen Zehen mit einem Lappen umwickelt, der stark nach Petroleum roch.

Arnika, Franzbranntwein, Petroleum – das war die Medizin der märkischen Holzhauer. Narben von verheilten Axthieben an den Beinen, gespaltene Fingernägel, abgefrorene Zehen – das waren die Insignien der Männer, die im preußischen Forstbetrieb Dienst taten.

Es dauerte geraume Zeit, bis Sellin begriff, was ich eigentlich wissen wollte. Erst als seine Frau ihm das angewärmte Baumwollhemd über den Kopf streifte, sagte er: Eisstiefel? hier in der Zauche bestimmt nicht, auch in der Umgebung nicht, sonst hätte sein Vater davon erzählt. Wenn die verharschte Schneedecke brach und das Wasser kam, habe sich die Holzhauerkolonne immer mit Rohr- und Reisigbündeln weitergeholfen. Der Ober-Landforstmeister sei ja mindestens schon seit achtzig Jahren tot, aber wenn solch ein hoher Herr so etwas schreibe und in einem Kalender drukken lasse, müsse es schon seine Richtigkeit haben.

Träume schlafen ihren abgründigen Schlaf, um eines Tages heftiger zu erwachen. Ich weiß nicht, ob ich jemals des Nachts von H. geträumt habe. Unerwartet und unangemeldet kam er in mein Mansardenzimmer, ich spürte ihn, er stand hinter mir, er legte seine Hand auf meine Schulter, eine Berührung, die mir sehr unangenehm war. Offensichtlich wollte er die alten Beziehungen wiederaufnehmen. Aber ich mochte nicht mehr sein Partner sein, mir war der Teil zugefallen, mißtrauisch und unfreundlich zu bleiben. Ein Gefühl von Furcht beschlich mich, ich schloß die Augen und sah die Holzhauer in ihren wohlfeilen Stiefeln in den Bruch ziehen, die vereisten Lindenbastsohlen hinderten sie daran weiterzukommen, einer rutschte aus, schlug hin, Beil und Säge fielen in den Schnee, er klammerte sich an einen Baum, um sich mühsam aufzurichten. Ein Schneesturm fegte durch die Kiefern, er verwischte das Bild.

Am letzten Ferientag war ich bis zum Anbruch der Dunkelheit damit beschäftigt, lustlos die Mappe zu packen, morgen ging es nach Potsdam in die Schule zurück, ein elendes Gefühl, ich hustete, betastete meinen Hals, hatte Ohrenschmerzen, ein Vorgang, der allzu bekannt war, als daß er von meinem Großvater ernst genommen worden wäre. Ich nahm mir vor, noch gräßlicher zu leiden, die Magd kam ins Zimmer, füllte die Lampe, schraubte am Messingring, es roch penetrant nach Petroleum.

Da sah ich H. noch einmal, er hockte in abgewetzter Montur auf dem Schemel vor Sellins Küchenfeuer. Verwahrlost wie ein Stromer, der abends aus der Kälte eines Stalles kriecht. Wo war seine Curische Büchse? Er trug zerlöcherte Handschuhe aus rauher Wolle, aus denen die schmutzigen Fingerspitzen starrten. Er hielt die triefenden Eisstiefel ans Feuer, schälte und riß am frostigen Stiefelschaft, über den Ziegelsteinboden rann eine trübe Flüssigkeit, in der eine Lindenbastsohle schwamm.

Erst jetzt, jedenfalls gibt meine Erinnerung es mir so ein, erlosch das Bild des »Königl. Preußischen Ober-Landforstmeisters, des Staatsraths und Mitglieds mehrerer deutschen und französischen gelehrten Gesellschaften«.

Ludwig Uhland

Der weiße Hirsch

Es gingen drei Jäger wohl auf die Birsch,
Sie wollten erjagen den weißen Hirsch.
Sie legten sich unter den Tannenbaum;
Da hatten die drei einen seltsamen Traum.

Der erste

»Mir hat geträumt, ich klopf' auf den Busch,
Da rauschte der Hirsch heraus, husch husch!«

Der zweite

»Und als er sprang mit der Hunde Geklaff,
Da brannt' ich ihn auf das Fell, piff paff.«

Der dritte

»Und als ich den Hirsch an der Erde sah,
Da stieß ich lustig ins Horn, trara!«

So lagen sie da und sprachen, die drei,
Da rannte der weiße Hirsch vorbei.
Und eh die Jäger ihn recht gesehn,
So war er davon über Tiefen und Höhn.
Husch husch! piff paff! trara!

Georg Franz Dietrich aus dem Winckell

Der Anstand

Der Anstand ist ein sehr sicheres und zweckmäßiges Mittel, das Rotwild zum Schuß zu bekommen, da dasselbe überhaupt (besonders aber der Hirsch) abends, wenn es auf Äsung, und morgens, wenn es zu Holze zieht, in der Regel genau Wechsel hält, d. h., es nimmt einen Tag wie den anderen denselben Weg, so daß es zuweilen wieder in die Fährten tritt, welche es vorher gemacht hat.

Oft wechselt es jedoch zur erst erwähnten Tageszeit an anderen Orten als zur letzteren. Mitten in den Waldungen sucht es, nach Maßgabe des mit der Jahreszeit veränderten Standes, die alten gewohnten Wechsel wieder auf.

Hat man sich nun durch genaues und tägliches Abfährten der Wildbahnen oder, in Ermangelung derselben, der gebahntesten, nicht zu harten Wege, welche an den Holzrändern, an jungen Gehauen und an den Grenzen hinlaufen, der zunächst an den Standort grenzenden Felder und Wiesen – auf welchen letzteren man nur des Morgens im Tauschlage die Fährten gewahr wird –, wo das Rotwild Äsung sucht, mit dem Wechsel hinlänglich bekannt gemacht, so errichtet man in einer Entfernung von 60 bis 80 Schritt von demselben aus grünen Zweigen verdeckte Schirme auf der Erde oder, wo es möglich ist, Sitze aus starken Bäumen, Kanzeln genannt, oder man gräbt Löcher mit Sitzen in die Erde, in und auf welchen man vor den äußerst scharfen Sinnesorganen des Gesichts und Geruchs des Wildes hinlänglich gesichert zu sein hoffen kann. Es ist wohl kaum zu erwähnen nötig, daß diese Schirme, Kanzeln und Sitze so eingerichtet sein müssen, daß sie den Jäger nach der Seite zu verbergen, wo das Wild herkommt.

Abends, wenigstens eine halbe Stunde vor Sonnenuntergang (nach einem warmen Regen früher), oder morgens, vor Anbruch des Tages, schleicht sich der Jäger bei gutem Winde oder auch bei gutem Seitenwinde behutsam und ohne Geräusch auf seinen Anstandsort; es sei ein Schirm oder ein Erdsitz oder eine Kanzel.

Die letztere gewährt den Vorteil, daß das Wild nicht so leicht Wind bekommen kann, wenn er auch nicht ganz gut ist, weil sie höher steht und man also immer im Überwinde bleibt.

Hat der junge Waidmann Liebe zu seinem Beruf, so wird ihm hier die Zeit nicht lang werden. Auch müßte es ihm sehr an Geistesbildung fehlen, wenn er sich nicht einige Zeit, selbst einige Stunden mit sich selbst und mit der ihn umgebenden schönen Natur unterhalten könnte. Wahr ist es, daß die genaue Abwartung dieser Jagdart nicht gemeine Tätigkeit, Munterkeit und Besonnenheit erfordert und daß mit diesen Eigenschaften Kaltblütigkeit oder doch Mäßigung und stets gespannte Aufmerksamkeit auf alles, was sich in der Nachbarschaft regt und bewegt, verbunden sein muß. Auch darf man sich nicht das geringste Geräusch, ja nicht einmal eine merkliche Bewegung irgendeines Gliedes erlauben; nur die Augen müssen überall vorwärts und nach den Seiten hin sich richten, ohne dabei den Kopf zu wenden.

Ist nun der Jäger vielleicht drei oder vier Tage von früh ein bis abends zehn Uhr auf den

Füßen gewesen – Perioden solcher Art werden jedem guten, tätigen Jäger vorkommen –, so ist freilich der Kampf mit drückender Müdigkeit hart, und doch soll und muß er mit Ausdauer so lange bestanden werden, als die Kräfte der menschlichen Natur hinreichen. Der Verfasser bekennt es willig und rechnet es sich unter den Umständen, wie sie waren, nicht zur Schande, einmal, aber wahrhaftig nicht öfter, bei ähnlicher Gelegenheit vom Schlafe übermannt worden zu sein.

Hier die kurze Geschichte!

Schon vier oder fünf Nächte hatte ich nicht länger als von elf Uhr abends bis ein Uhr morgens Ruhe genießen können; während der ganzen übrigen Zeit mußte ich – so erforderte es meine damalige Lage – dringende Geschäfte abwarten. Ein neues Tagewerk begann um die nämliche Stunde mit dem Anstande auf Feisthirsche. Schon fingen die Füße an, ihre Dienste zu versagen; ich konnte in einem Alter von zwanzig Jahren der Sehnsucht nach augenblicklicher Ruhe nicht widerstehen. Mit dem festen Vorsatze, nicht zu schlafen, setzte ich mich an den Stamm einer Eiche, an welcher ich auf dem Wechsel stand. Kaum hatte ich mich mit dem Rücken angelehnt und die Büchse quer über die Füße gelegt, so fielen mir unwillkürlich die Augen zu. Lange mochte ich wohl so nicht gesessen haben, als ich durch einen mir gerade nicht fremden, aber für diesen Augenblick unerwarteten Ton geweckt ward.

Es war das Grunzen eines hauenden Schweines, welches nicht fünf Schritte von mir entfernt stand. Wahrscheinlich kam es in der Morgendämmerung außer dem Winde heran und stutzte, als es eine Figur erblickte, welche ihm verdächtig schien. Eine natürliche Folge des Schrecks über das Kopfnicken des schlummernden Nimrods war das Grunzen. Dieses veranlaßte ein zufälliges Zusammenfahren des beschämten Schläfers, welcher seinen Wecker nur noch flüchtig erkannte und sich herzlich freute, daß die Sonne sich noch nicht über den Gesichtskreis erhoben hatte. Nach einer kleinen halben Stunde ward mir das Vergnügen zuteil, einen Hirsch von vierzehn Enden zu erlegen, welcher mir ohne dies sonderbare Ereignis wahrscheinlich entgangen wäre.

Auf der anderen Seite gewährt der Anstand dem Waidmann zu der Zeit, wo er auf Hirsche betrieben wird, oft Genüsse, durch welche er hinlänglich für seine Anstrengung belohnt wird, wenn er nur irgend Sinn und Gefühl für die Natur und ihre Schönheiten hat. Erquickt durch die mit dem sinkenden Tage sich verbreitenden Kühle, freut er sich des Gezwitschers der kleinen gefiederten Waldbewohner; sieht, wie Rehe und Haarwild anderer Gattungen in seiner Nachbarschaft ruhig, man möchte sogar sagen, mit seiner Auswahl ihre Äsung suchen und mit innigem Wohlbehagen das Gefundene benutzen; wie die Kälber scherzend um die sie mit zärtlicher Sorgfalt beobachtenden Mütter herumhüpfen; wie diese ihnen hier mit wahrer Resignation das leckere Geäste abtreten, dort das von nahrhafter Milch strotzende Gesäuge darreichen, um durch diesen kräftigen Genuß das Wachstum und Gedeihen ihrer Nachkommenschaft zu befördern.

Früh vor dem Tage, wenn in der Natur noch alles schläft und ruht, geht der Waidmann hin an den Ort, wo er das zu Holze ziehende Wild zu erwarten gedenkt. Mit anbrechendem Morgen erwacht alles. Majestätisch erhebt sich die Sonne über den Gesichtskreis und drückt die Dünste zu Boden. Zitternd glänzt an jedem Grashalm das kristallhelle Tautröpfchen und im frischeren Grün prangt Wald und Wiese um ihn her.

Solche oder ähnliche Wahrnehmungen und die daraus entspringenden Gefühle sind gewiß vermögend, auch in solchen vielen, anscheinend untätig hingebrachten Stunden die Langeweile zu verscheuchen. Sie stimmen zugleich das Herz zu edlen und frommen Empfindungen, welche, wahrlich! auch dem Jäger zur Ehre gereichen und ihn zu einem sittlich und guten Menschen bilden.

Möge diese kleine Abschweifung nicht falsch gedeutet werden, sondern so, wie ich es wünsche, als Anleitung zum weiteren Nachdenken für junge Leute, die sich dem Forst- und Jagdwesen widmen!

David Friedrich Weinland

Rulamans erster Jagdzug

Nur einen Rasttag durften sich die Männer gönnen, denn schon war die magere, gestern heimgebrachte Beute größtenteils wieder aufgezehrt. Es folgte am Abend eine Beratung, wohin ein neuer Jagdzug unternommen werden sollte.

Jagdbares Wild war stundenweit ringsherum kaum mehr zu finden. Wohl aber lebten auf der weniger bewohnten Hochfläche der Alb noch einige Herden von Rentieren und von kleinen wilden Pferden, während in den dichten Waldungen an den Abhängen schon einzelne Rehe, Hirsche und Wildschweine sich zeigten.

Lange ratschlagten die im Kreis um die alte Parre her lagernden Männer. Sie waren sämtlich Enkel derselben und verehrten sie hoch. Wie alt sie eigentlich war, niemand wußte es, jedenfalls weit über hundert Jahre. Ihr Reichtum an Lebenserfahrungen, ihre vielen Erzählungen über die Geschichte des Stammes und besonders auch die genaue Kenntnis der schädlichen und nützlichen Pflanzen und Tiere und wie sie bei Krankheiten zu verwerten seien, verschafften ihr ein Ansehen, daß alle wie zu einem höheren Wesen zu ihr aufblickten.

Noch hatte sie kein Wort gesprochen. Man wußte nie, ob sie schlief oder zuhörte; in der Tat aber sah sie wie ein Falke und hörte wie ein Luchs. Plötzlich erhob sie etwas ihren gesenkten Kopf und murmelte: »Kadde«; so nannten sie die Rentiere. Damit war die Sache entschieden. Ihr, der Alten, ging Rentierfleisch über alles, und sie haßte die »neuen« Tiere, wie sie die seit einiger Zeit einwandernden Hirsche und Rehe nannte.

Noch in der Nacht sollte aufgebrochen werden. Hinter Rul, dem Häuptling und Ältesten der Brüder, stand sein Sohn mit dem Wolf. Dieser trat vor und blickte fragend und bittend den Vater an. »Ja, Rulaman, du kannst mitgehen, aber ohne den Wolf«, sagte der Vater. Nur halb befriedigt schlich sich der Knabe fort.

Bald nach Sonnenuntergang machten sich die Männer fertig. Der junge Rulaman war der erste, der in Jagdrüstung auf dem Platz vor der Höhle erschien. Voll Stolz trat er vor seine Urahne, die alte Parre, hin und drückte ihr die magere, knöcherne Hand. Daran erkannte sie sogleich ihren Liebling, blickte auf und lachte ihn freundlich an: »Du kommst nicht leer heim, wie die Alten gestern. Du hast deiner Ahne immer fette Gimpel und gute Haselmäuse heimgebracht, jetzt bringst du mir einmal etwas Großes mit.«

Ein Pfiff des Häuptlings gab das Zeichen zum Aufbruch. Gnädig winkte die Alte mit dem Krückstock zum Abschied, und dann schrie sie noch mit gellender Stimme: »Aber wer von euch wird mir endlich meinen Sohn rächen und mir den Kopf des Burria bringen?«

Dies war ein den Männern wohlbekanntes Wort. So oft sie zu einem Jagdzug aufbrachen, rief sie es ihnen nach. Ein Höhlenlöwe, Burria genannt, hatte nämlich ihren Sohn, den Vater der sechs Tulkamänner, im kräftigsten Mannesalter in einem Wald von der Spitze seiner Männer weggeholt und in seine Höhle fortgeschleppt. Das war der Kummer der Alten seit dreißig Jahren. Ohne ein Wort zu erwidern, brach die kleine Schar auf. Voran Rul, dann Rulaman, dann die fünf anderen Männer und endlich die zwei jungen Burschen, die bei dem Tanz vor der Höhle mit Trommel und Pfeife den Takt angegeben hatten.

Jeder der Männer war mit Bogen und Pfeilen, Speer und Steinbeil bewaffnet. Die Speere waren mannslange, zolldicke, hübsch gerundete, rotbemalte Stangen aus Hainbuchen, mit beinerner Spitze aus Rentiergeweih. Die Pfeile waren starke Haselnußgerten, die meisten mit Feuerstein-, einige auch mit Beinspitzen. Die Speere dienten zunächst als Lanzen, konnten aber auch als Wurfspieße und überdies wie Alpenstöcke zum Setzen über Gebirgsbäche und kleine Schluchten in den weglosen Bergen der damaligen Zeit gebraucht werden.

Der Speer Ruls war mit besonderer Sorgfalt bearbeitet, die Beinspitze sehr lang und der rotbemalte Schaft mit schwarzen Einschnitten verziert. Dieselbe Ausschmückung zeigte der Stiel seines Steinbeils. Als Häuptling trug er den seltenen weißen Wolfspelz.

Einen solchen hatte auch Rulaman als Häuptlingssohn, und auch sein Steinbeil war dem des Vaters ähnlich gearbeitet.

Alle trugen Sandalen aus Tierfell, die sie mit Riemen festbanden, teils zum Schutz für den Fuß, wegen Disteln und Dornen, noch mehr vielleicht, um keine deutlichen Fußspuren für Feinde und Raubtiere zu hinterlassen. Überdies hingen über ihren Schultern Seile und Schnüre aus Waldreben und Weiden und eine Anzahl breiter und schmaler Riemen aus Tierfellen.

Auch die beiden Burschen führten Steinaxt und Bogen, doch fehlte ihnen der Speer, das Zeichen der Manneswürde, den der Jüngling, nach strenger Sitte, erst nach Erlegung eines Höhlenbären erhielt. Beide hatten überdies schwere lederne Säcke, mit Feuersteinmessern und anderen Gerätschaften gefüllt, über den Rücken hängen.

Still ging es durch die dunkle Nacht hin, immer nach Süden, zunächst den schmalen Pfad aufwärts ins Gebirge. Als sie aus dem Wald heraustraten, wurde zuerst die Windrichtung untersucht, indem Rul, wie unsere

Jäger heute noch tun, den Finger in den Mund steckte und in die Luft hielt. Der Wind war vortrefflich, er kam gerade von Süden, wo sie die Rentiere vermuteten.

Stundenlang wanderten sie, immer einer in die Fußstapfen des anderen tretend – wie manche Raubtiere tun, wenn sie zusammen auf Beute ausgehen –, über den kurzen, festen Albrasen und über Heidegründe auf der öden Fläche dahin.

Hier gab es keine Pfade mehr wie im Wald; man suchte und fand die Richtung nach wohlbekannten Zeichen, nach hervorragenden alten Bäumen, Felsen, Gebüschen und Waldekken. Jede natürliche, auf dem Weg sich darbietende Deckung wurde benützt. Besonders wichtig schienen für sie die großen Haselnuß- und Wacholdergebüsche, die da und dort die eintönige Ebene unterbrachen. Wo in der mondlosen, aber sternhellen Nacht in der Nähe ein solches zu erblicken war, schritt Rul darauf zu und lugte und horchte, ehe er weiterging. Aber nur mit Vorsicht nahte er diesen Gesträuchen, denn in ihnen lauerten oft der Höhlenbär und der damalige König der deutschen Tierwelt, der mächtige Höhlenlöwe. Sie überfielen von diesem Versteck aus die in der Abend- und Morgendämmerung ruhig einherweidenden Rentiere und Pferde.

So wechselten beständig Hoffnung auf ein Jagdtier, Furcht vor Überfall von Raubtieren, auch wohl von feindlichen Stämmen in den Herzen dieser Naturmenschen.

Aber noch immer war es totenstill, kein lebendes Wesen rührte sich, bis plötzlich aus einem großen Wacholderbusch ein mächtiger schwarzer Vogel hervorrauschte.

»Kobelo, Kobelo!« schrie Rulaman mit heller Stimme, und schon hatte er den Bogen von der Schulter und den befiederten Pfeil darauf.

Einige Schritte rannte er dem Vogel nach, man hörte noch das Schwirren der Bogensehne, dann einen dumpfen, schweren Fall.

Mit lautem Jubelgeschrei schleppte der Junge den schweren, sich sträubenden und flatternden Vogel an einem Flügel daher. Es war ein prächtiger Auerhahn, dem die knöcherne Pfeilspitze mitten durch den Körper gedrungen war.

Aber ernst kehrte sich der Vater zum Knaben: »Nie schießen ohne mein Gebot und nie rufen auf der Jagd.«

Dann nahm er ein Feuersteinmesser und schnitt dem Vogel den Hals ab. »Trink!« sagte er, und gierig schlürfte Rulaman, durstig und hungrig wie er war, das strömende warme Blut.

Dann band einer der jungen Burschen dem Auerhahn die Füße zusammen und warf ihn über seine Schulter.

Der Tadel Ruls war nur zu begründet gewesen, das zeigte sich in diesem Augenblick; denn kaum waren sie weitergegangen, so hörte man rechts in nicht zu großer Entfernung ein dumpfes Stampfen und dazwischen ein höchst eigentümliches Knattern. Im Nu lagen alle Männer auf dem Boden und spähten nach der Richtung, aus der sie das Getöse vernommen hatten.

»Kadde«, flüsterten sie und sahen jetzt deutlich einen großen dunklen Fleck auf der Ebene, der sich in rasender Geschwindigkeit von ihnen fortbewegte. Es war eine kleine Herde Rentiere, welche die Jäger sofort an dem merkwürdigen Knattern erkannten, das die Fußgelenke dieser Tiere bei jeder Bewegung hören lassen und das sich bei keinem anderen Hirsch, überhaupt bei keinem anderen Tier findet.

»Auf!« rief Rul, »es ist zu spät. Rulaman, du hast uns die Jagd verdorben«, sagte er strafend zu seinem Sohn.

Bereits dämmerte der Tag, kein Rentier, kein Pferd wollte sich mehr zeigen. Schon sah man in der Ferne einen hohen Tannenforst. Dort war, wie sie wohl wußten, die Grenze des Rentierfeldes.

Am Rande des Forstes machte Rul Halt und stieß seinen Wurfspieß in die Erde. Dies war das Zeichen zum Lagern. Sofort warfen die beiden Burschen alles, was sie trugen, auf den Boden und verschwanden im Wald.

Bald kam jeder mit einem Arm voll dürren Holzes zurück, aus dem sie einen kleinen Haufen bildeten. Dann bohrte einer der Männer mit einem Feuersteinmesser ein enges Loch in einen alten Baumstrunk, drehte darin einen Holzpfahl mit sausender Schnelligkeit, wie sie nur häufige Übung geben konnte, bis durch die Reibung zuerst etwas Rauch, dann eine kleine Flamme entstand. Er zündete vermittels eines trockenen Pilzzunders an, und lustig flackerte bald der Holzstoß.

Indes hatte ein anderer Mann den Auerhahn gerupft und einen Holzspieß durchgesteckt. An jedem Ende ergriff denselben einer der Burschen, und so hielten und drehten sie den Vogel über dem Feuer. Schon nach einer Viertelstunde war er geröstet und zum Essen fertig. Dann wurde er mit einem Feuersteinmesser zerlegt und Rul das erste, Rulaman das zweite Stück zugeteilt.

Doch nicht lange dauerte die Rast. Schon umsäumte das Rot des Morgens den Rand der Ebene. Für Rentiere und Pferde war jetzt die günstigste Zeit, die Zeit der Dunkelheit, vorüber. Denn ohne Hund und zahmes Pferd und ohne weittragende Geschosse konnte der Mensch bei Tag das Tier der Ebene nicht jagen. Nicht anders als der Löwe und der Bär, seine Rivalen, mußte er sich in der Dämmerung oder bei Nacht an die ruhig weidenden Tiere anschleichen oder sie aus einem Hinterhalt, einem Busch oder Felsen, überfallen oder abends an den Tränkplätzen, die er ausgekundschaftet, ihnen auflauern.

So konnte es sich also bis zur nächsten Nacht nur noch um eine Jagd aufs Geratewohl im Wald handeln. Wieder ertönte als Zeichen zum Aufbruch der wohlbekannte Pfiff des Häuptlings mit der Knochenpfeife, und hinein ging es in den noch immer dunklen Wald. Sicher und ohne Zaudern schritt Rul voran, denn er kannte auch diese Pfade meilenweit von seiner Heimat so gut wie die bei der Tulka.

Otto von Bismarck
an seine Frau Johanna

1. November 1852

Mein Liebchen

... In Letzlingen habe ich diesmal nicht so gute Jagd gemacht wie vor drei Jahren, es war Freitag. Drei Stück Damwild, voilà tout. Eins davon wird hoffentlich heut in Deinen Besitz gelangen. Das Wildschwein verzehrt mit Bedacht, und macht etwas Weißsauer davon, S. Majestät haben es Allerh. eigenhändig geschossen ...

Königsberg 12. Sept. 57

Mein Liebchen

Mit großer Freude habe ich Deine 4 Briefe in Polangen (welches übrigens nicht in Preußen, sondern in Rußland liegt) vorgefunden und ersehn, daß es Dir und den Kindern wohl ergangen ist ... Mir ist es sehr wohl gegangen, die Feuerländer waren alle von einer rührenden Liebenswürdigkeit für mich, wie man es schwerlich in einem anderen Lande als Fremder wiederfinden wird. Ich habe außer diversen Rehböcken und Damhirschen 5 Elenn erlegt, darunter einen sehr starken Hirsch, der nach gradem (nicht Band-) Maß bis zum Widerrist 6 Fuß 8 Zoll hoch war und dann noch den kolossalen Kopf darüber trug, wohl 9 bis 10 Fuß hoch in der Luft. Er stürzte wie ein Hase, da er aber noch lebte, schoß ich mitleidig meinen andern Schuß auf ihn, und kaum war das geschehn, so kam ein andrer, wohl noch größerer, mir so nah vorbeigetrabt, daß Engel, der lud, hinter einen Baum sprang, um nicht übergelaufen zu werden; und ich mußte mich begnügen, ihn freundlich anzusehn, da ich keinen Schuß mehr hatte. Diesen Kummer kann ich noch gar nicht los werden und muß ihn Dir klagen. Eins schoß ich außerdem an, das werden sie wohl noch finden, und eins gründlich vorbei. 8 Stück hätte ich also schießen können. Vorgestern abend fuhren wir aus Dondangen und legten die 40 Meilen ohne Chaussee durch Wald und Wüste bis Memel in

29 Stunden zurück, im offnen Wagen über Stock und Block, daß man sich halten mußte, um nicht herauszufallen. Nach 3 Stunden Schlaf in Memel gings heute früh im Dampfschiff hierher, von wo wir heut abend nach Berlin abfahren und morgen Abend dort ankommen. »Wir« sind nämlich Behr und ich. In Hohendorf kann ich nicht anhalten, ich hätte heut schon in Berlin sein müssen, meinem Urlaub nach; dann hätte ich aber die beste Jagd, die in Dondangen, mit dem großen Hirschen oder Bollen, wie sie dort sagen, aufgeben müssen, und hätte nicht gesehn, wie die Achse eines Bauernwagens unter der Last des großen

Tieres brach ... Nun leb wohl, mein Engel, ich muß noch andre Briefe schreiben; grüße herzlich die Eltern und die Kinder und sage letztern, daß ich mich über ihre Briefe sehr gefreut habe.

Dein treuster vB.

Schönbrunn, 25. August 1864

Mein Herz!

Der König ist heute früh nach Salzburg, ich folge ihm morgen, habe heute 53 Hühner 15 Hasen und ein Kanickel geschossen und gestern 8 Hirsche und 2 moufflons. Heut bin ich ganz lahm in Hand und Backe vom Schießen. Gute Nacht an alle, ich bin sehr müde.

Egon von Kapherr

In Nordlands Bergen

Rotglasig steigt die Sonne im Nebel über den Bergen auf, violett und blau heben sich die schroffen, finsteren Felswände vom gelb- und rotglänzenden Wasser des Waldsees ab. Das Eis glitzert und flimmert am Ufer, weißer Rauhreif bedeckt das Heidekraut und die Porstbüschel im Moor. Unglückshäher schwirren mit leisem »tüd, tüd« von Baum zu Baum, Enten schreien am See, und die Graugans zieht rufend in langen Linien dem Süden zu.

Hier im Waldtale steht eine kleine Blockhütte – irgendwann von irgendwem gebaut. Sie ist eine jener kleinen Hütten, wie sie die Jäger der nordischen Wildnis an geeigneten Orten – an Fuß- und Schneeschuhpfaden – anlegen, immer zehn bis fünfzehn Kilometer auseinander. Bläulicher Rauch quillt aus einem Loch im First, und Stimmen ertönen im Innern. Erschreckt flattern die Häher auf: Die Tür öffnet sich, und ein breitschultriger Karele tritt aus der Hütte. Der Mann sieht sich um – und befriedigt klingt's von seinen Lippen: »Choroschaja pogoda, Barin.« (Gutes Wetter, Herr.) Hundegebell ertönt, zwei zottige, große Finnhunde stürzen heraus und umkreisen, mit den buschigen Ruten wedelnd, ihren Herrn. »Tagasi, koirad!« (Zurück, Hunde), ruft der rotbärtige Enakssohn ihnen zu, während nun der Jäger aus der Hütte tritt. Nach kurzem Wortwechsel wird der eine Hund angeleint, während der zweite als Wächter in die Hütte gesperrt wird, und die beiden Jäger verschwinden im Bestande.

Über Steingeröll und Windbruch geht's auf schmalem Pfade, dann wird eine Wand erklettert, und rutschend und strauchelnd geht's auf der anderen Seite hinab ins Moor. Hier steht ein Auerhahn mit schwerfälligem Gepolter vor den Jägern auf, Sumpf- und Tannenmeisen schwirren zwischen den bemoosten, greisenbartbehangenen Kiefern umher, Haselhühner surren im Tann, und von den Bergen erschallt das Hämmern des Schwarzspechtes. Breite Pfade sind hier ins Moos eingetreten: Rentierwechsel. Nebenan im Heidelande ist der Boden aufgewühlt und das weiße Moos aufgerissen – hier haben Rentiere geäst, und dort in jenen Gruben haben sie gelegen. »Alte Fährten«, murmelt der Karele. »Gebe Gott endlich stärkeren Wind – bei dieser Stille kann der Hund nicht weit wittern, und das Wild vernimmt uns auf mehr als eine Werst!« Plötzlich zieht der Finnhund scharf an; eine starke Elchfährte kreuzt hier den Weg der Jäger. Frische Losung – ein frisches Lager – los! Vorsichtig schleichen die Leute hinter dem heftig vordrängenden Hunde her, das Heidekraut knirscht unter dem Tritt, und das gefrorene Moos knarrt und knackt bei jedem Schritte. »Verdammte Windstille«, murrt der Karele, der mit beiden Händen den Leithund zurückhält. Mühsam geht's über einen Windbruch die Böschung hinab – vorn rauscht der Bergfluß über Felsblöcke und Geröll.

Bis an die Hüften reicht das eisige Wasser, aufwärts klettern die Männer, sich mit den Händen an die schlüpfrigen feuchten Steine anklammernd. Härter zieht der Hund am Riemen, sein Atem keucht, sein Rückenhaar sträubt sich; nur mühsam hält ihn der Mann zurück und beruhigt ihn durch halblauten Zuspruch. Ein Dickicht vorn – da hinein führt die Fährte! Am Gebaren des zottigen Begleiters merkt es der Jäger: man ist nahe am Wilde. »Das Dickicht umschleichen!« flüstert der Karele.

Keine zwanzig Schritt kann man sehen; so dicht ist's hier. Da prasselt's im Busch, weiß leuchtet's im dichten Tann – die Läufe eines Elches. Zu spät! Nun ist die Folge aussichtslos: ein einmal rege gemachter Elch ist mit dem Finnhund nicht mehr zu holen. Der Karele flucht wie ein Heide, und ärgerlich über ihren Mißerfolg treten die Jäger den Weitermarsch an, nur mit Mühe den aufgeregten Hund bändigend und beschwichtigend. Unter mächtigem Felsblock ruhen die Jäger aus und beraten sich.

»Herr, die verdammten ›Weißbeine‹ kriegt man ja doch nicht! Sie stecken immer im Dickicht – und da kommt man ohne starken Wind nicht ran.« – »Gut, versuchen wir's mit den ›Langwedeln‹. Die werden heute bei dem schönen Wetter im kahlen Moor stehen.«

Warm scheint das Tagesgestirn auf die Männer nieder, ein leises Rauschen und Raunen geht durch die Wipfel der Kiefern. Ein kleiner Bach plätschert über das Gestein, Drosseln eilen in Schwärmen über den Wald, und ein Adler zieht seine prachtvollen Kreise über den nahen Waldsee. »Klüh!« schallt der Ruf des großen Spechtes, ein Häher kreischt, und oben im Wipfel einer Fichte schwirren Kreuzschnäbel.

Der Karele drängt zum Aufbruch; schweigend marschieren die Jäger durch den Wald. Hinab geht's den Abhang, dann längs des Sees, dessen kleine Wellen gegen das felsige Ufer plätschern. Taucher schwimmen auf der silbernen Fläche, es sind elegante, schöne Vögel, die da fischen und tauchen und deren schwarzweißes Gefieder in der Sonne leuchtet. »Gagagagarr«, tönen die rauhen Kehllaute der Polartaucher, ein Fischadler schwebt über dem See, und der Kolkrabe krächzt auf der Insel. Nun wird der Boden weich, die Jäger sind am Rande eines großen Morastes angelangt, dessen Fläche in tausend Farben leuchtet – vom hellen Rot und Gelb bis zum tiefsten Braun und dunkelsten Violett und Blau. Die Fläche ist mit verkrüppelten, teilweise abgestorbenen, moosbehängten Kiefern bestanden, klar, lückig und kümmerlich; der Fuß raschelt im Porstkraut und in den Büschen der Polarbirke. Blaubeerkraut und Zwergweiden wechseln mit Strauchbirken und halbabgefrorenem Schellbeerkraut ab, weiches nasses Moos dämpft den Schall der Tritte. Schneehühner schwirren über die Fläche und Auerwild prasselt heraus, Zwerg- und Sumpfmeisen hacken an den geplatzten Rinden der Kiefern, und in wellenförmigem Fluge überfliegt ein Buntspecht die Einöde. Ein kräftiger Windzug strömt den Jägern entgegen und läßt die Wipfel des Urwaldes rauschen und schwanken, spielt schwirrend mit der flatternden Rinde einer Birke und schlägt die schwankenden Stengel des Schilfes klirrend und knisternd aneinander.

Der Hund ist erregt und markiert die frischen Fährten vom Lager der Rentiere, eine mächtige Bärenfährte kreuzt den Weg der Jäger, und Losung vom Vielfraß lenkt die Aufmerksamkeit der Männer ab. Hoch hält jetzt der Hund die Nase und zieht in gerader Richtung übers Moor, zerrt ungestüm am Riemen und keucht. Vorsichtig das Terrain abspähend, folgen die Waldleute, vorüber geht's an kleinen Tümpeln und Wasserlachen, felsigen Brunnen am Morastrande, deren Grund grün und blau leuchtet, abgrundtief und kristallklar. Dann wendet sich der Hund wieder der Mitte des Mooses zu, wo dichtes weiches Moos mit schwankenden, tückischen Stellen abwechselt und der Fuß bis über die Knöchel im eisigen Naß versinkt.

Der Hund wird immer aufgeregter, zerrt und reißt an der Leine, und plötzlich raunt der Führer seinem Herrn zu: »pödra« (Rentiere) ... Dunkel heben sich die Silhouetten des Wildes vom hellen Boden ab – Rentiere, ein kleines Rudel steht da und verhofft nach den Männern hin, die jetzt gebückt heranschleichen. Der Karele duckt sich nieder und hält den leise winselnden Hund am Halsband, während der Schütze vorsichtig weiterschleicht. Nun werfen alle Rentiere auf, treten unruhig hin und her, richten die Wedel steil auf und äugen nach dem Jäger hin. Noch sind's reichlich zweihundert Schritte – doch längeres Zaudern wäre zwecklos, da das Wild flüchtig werden könnte. Dort – der starke Hirsch mit den hell leuchtenden Stangen!

Weiß schimmert das Korn auf der schiefergrauen Decke. Paff! Der Wedel klappt als Jammerzeichen nieder, und in rasender Flucht eilt der Todwunde dem hohen Holze zu, während das Rudel in schnellem Troll, die hellgrauen Läufe hochhebend, steifläufig und mit aufgerichteten langen Wedeln ins Moor flüchtet.

Der Hund kläfft und zerrt den Führer vorwärts; bald findet man den Anschuß. Schnitthaare und heller Schweiß, tiefe Eingriffe! Vorwärts! Hinein ins hohe Holz geht's auf roter, warmer Schweißfährte. Da liegt etwas Graues, fast wie ein großer Stein – hurra, er ist's, der kapitale Hirsch, dessen vielendiges Geweih, in zitternder Freude betastet, in jubelnder Seligkeit bestaunt wird.

»Wot Barin, choroschaja stuka« (eine gute Sache, Herr). Schmunzelnd klopft der Karele die Schulter des Herrn. – »Was nun?« – »Ich werde zum See gehen, Herr – es sind keine sechs Werst – und unser Boot holen. Ich rudere dann bis zu den Stromschnellen den Fluß hinauf, und bis dahin können wir das Ren schleppen.«

Nachdem der Hirsch aufgebrochen, entfernt sich der Führer, während der Jäger beim Wilde bleibt; bläulich kräuselt sich der Rauch der Zigarette, wieder und wieder kehrt der Blick zurück zu der stolzen Beute da im Moos des nadelbestreuten Waldbodens.

Ans Werk! Sorgsam mit Beil und Messer arbeitend, trennt der Jäger das Haupt des Hirsches vom Rumpfe, vorsichtig wird die Decke gelöst, abgestreift und geschärft. Dann wird die Decke am Boden ausgebreitet, und das Beil tritt wieder in Aktion: Die Keulen werden gelöst, der Rücken geteilt, Hals und Blätter werden abgeschlagen. Gierig fällt der Hund über Aufbruch und Abfälle her, Häher kreischen, und hoch über den Wipfeln rufen Kolkraben. Die Sonne steht schon tief am Himmel und die Stämme werfen lange, bläuliche Schlagschatten, als der Karele erscheint. »Wsjo gotowo, Barin« (alles fertig, Herr). Schwerbeladen marschieren die Jäger durch den Tann, dem Flusse zu. Bergauf und bergab geht's mit der schweren Last. Kaum die Hälfte hat man geborgen, als man das Boot erreicht, welches unterhalb der großen Stromschnelle im Wasser schaukelt. Der Rest ist in den Zweigen einer Fichte wohlaufgehängt; morgen wird man ihn holen – denn es wird Abend, und bis zur Hütte ist's weit. Das Wildbret wird verstaut, Decke und Geweih werden ins Boot gelegt, und von schnellem Ruderschlage getrieben, schießt das Boot die Strömung hinab.

Goldigrot bescheint die Abendsonne die wilde Szenerie, Schwärme von Seidenschwänzen ziehen zwitschernd und schwatzend ihren Schlafstellen zu. Über den großen See gleitet das Boot, stolz schimmern Schwäne auf der leuchtenden Wasserfläche, »klong, klong« rufen sie beim Anblick der Menschen. In den Fluß hinein schießt das Boot – in rasender Fahrt jagt es über donnernde und brausende Stromschnellen, weißer Schaum spritzt auf. Es wird dunkel, die Bäume am Ufer heben sich als dunkle Silhouetten vom roten Abendhimmel ab, ein Uhu ruft, und das heisere Bellen der Uraleule hallt schaurig in den Felsen. Still gleitet das Boot in die Bucht an der Hütte...

H. Burckhardt

Frohes Jägerleben

Was kann schöner sein als Jagen
Und ein rechter Waidmann sein?
Das versüßet alle Plagen
Und vertreibet jede Pein.
Schwarz und rotes Wildbret fällen,
Viel verliebte Netze stellen
Schläfert alle Sorgen ein
Und versüßet jede Pein.

Abends, wenn die Sternlein blitzen
Bei dem hellen Mondenschein,
Muß ich auf der Kanzel sitzen
und zum Anstand fertig sein;
Muß fein auf den Wechsel sehen,
Wo das Wildbret tut hergehen,
Ob nit gar ein grobes Schwein
Zu den Feldern sich stellt ein.

Will's um mich zu dunkel werden,
Leg ich mich in d' Jägerhütt,
Streck behaglich mich zur Erden,
Ruh mich aus, doch schlaf ich nit.
Muß auf Unk' und Uhu lauschen,
Auf der Bäume nächtlich Rauschen,
Höre ziehn das scheue Wild;
Um mich schwebt ein liebes Bild.

Wenn der Tag aufs Neu sich zeiget,
Zieh ich wieder hin ins Feld,
Wo die Lerche singt und steiget
Hoch ins blaue Himmelszelt.
Da empfind't mein Herz Vergnügen,
Wenn ich kann das Wild betrügen,
Daß mir's in die Arme fällt,
Ob es sich gleich flüchtig stellt.

Gottfried August Bürger

Jagdgeschichten

Ich übergehe manche lustige Auftritte, die wir bei dergleichen Gelegenheiten hatten, weil ich Ihnen noch verschiedene Jagdgeschichten zu erzählen gedenke, die mir merkwürdiger und unterhaltender scheinen. Sie können sich leicht vorstellen, meine Herren, daß ich mich immer vorzüglich zu solchen wackern Kumpanen hielt, welche ein offenes, unbeschränktes Waldrevier gehörig zu schätzen wußten. Sowohl die Abwechselung des Zeitvertreibes, welchen dieses mir darbot, als auch das außerordentliche Glück, womit mir jeder Streich gelang, gereichen mir noch immer zur angenehmsten Erinnerung.

Eines Morgens sah ich durch das Fenster meines Schlafgemachs, daß ein großer Teich, der nicht weit davon lag, mit wilden Enten gleichsam überdeckt war. Flugs nahm ich mein Gewehr aus dem Winkel, sprang zur Treppe hinab, und das so über Hals und Kopf, daß ich unvorsichtigerweise mit dem Gesichte gegen die Türpfoste rennte. Feuer und Funken stoben mir aus den Augen; aber das hielt mich keinen Augenblick zurück. Ich kam bald zum Schuß; allein wie ich anlegte, wurde ich zu meinem großen Verdrusse gewahr, daß durch den soeben empfangenen heftigen Stoß sogar der Stein von dem Flintenhahne abgesprungen war. Was sollte ich nun tun? Denn Zeit war hier nicht zu verlieren. Glücklicherweise fiel mir ein, was sich soeben mit meinen Augen zugetragen hatte. Ich riß also die Pfanne auf, legte mein Gewehr gegen das wilde Geflügel an und ballte die Faust gegen eines von meinen Augen. Von einem derben Schlage flogen wieder Funken genug heraus, der Schuß ging los, und ich traf fünf Paar Enten, vier Rothälse und ein Paar Wasserhühner. Gegenwart des Geistes ist die Seele mannhafter Taten. Wenn Soldaten und Seeleute öfters dadurch glücklich davonkommen, so dankt der Weidmann ihr nicht seltener sein gutes Glück.

So schwammen einst auf einem Landsee, an welchen ich auf einer Jagdstreiferei geriet, einige Dutzend wilder Enten allzuweit voneinander zerstreut umher, als daß ich mehr denn eine einzige auf einen Schuß zu erlegen hoffen konnte; und zum Unglück hatte ich meinen letzten Schuß schon in der Flinte. Gleichwohl hätte ich sie gern alle gehabt, weil ich nächstens eine ganze Menge guter Freunde und Bekannte bei mir zu bewirten willens war. Da besann ich mich auf ein Stückchen Schinkenspeck, welches von meinem mitgenommenen Mundvorrat in meiner Jagdtasche noch übrig geblieben war. Dies befestigte ich an eine ziemlich lange Hundeleine, die ich aufdrehete und so wenigstens noch um viermal verlängerte. Nun verbarg ich mich im Schilfgesträuch am Ufer, warf meinen Speckbrocken aus und hatte das Vergnügen zu sehen, wie die nächste Ente hurtig herbeischwamm und ihn verschlang. Der ersten folgten bald alle übrigen nach, und da der glatte Brocken am Faden gar bald unverdaut hinten wieder herauskam, so verschlang ihn die nächste, und so immer weiter. Kurz, der Brocken machte die Reise durch alle Enten samt und sonders hindurch, ohne von seinem Faden loszureißen. So saßen sie denn alle daran wie Perlen an der Schnur. Ich zog sie gar allerliebst ans Land, schlang mir die Schnur ein halbes dutzendmal um die Schulter und Leib und ging meines Weges nach Hause zu. Da ich noch eine ziemliche Strecke davon entfernt war und mir die Last von einer solchen Menge Enten ziemlich beschwerlich fiel, so wollte es mir fast leid tun, ihrer allzu viele eingefangen zu haben. Da kam mir aber ein seltsamer Vorfall zustatten, der mich anfangs in nicht geringe Verlegenheit setzte. Die Enten waren nämlich noch alle lebendig, fingen, als sie von der ersten Bestürzung sich erholt hatten, gar mächtig an mit den Flügeln zu schlagen und sich mit mir hoch in die Luft zu erheben. Nun wäre bei manchem wohl guter Rat teuer gewesen. Allein ich benutzte diesen Umstand, so gut ich konnte, zu

meinem Vorteil und ruderte mich mit meinen Rockschößen nach der Gegend meiner Behausung durch die Luft. Als ich nun gerade über meiner Wohnung angelangt war und es darauf ankam, ohne Schaden mich herunterzulassen, so drückte ich einer Ente nach der andern den Kopf ein, sank dadurch ganz sanft und allmählich gerade durch den Schornstein meines Hauses mitten auf den Küchenherd, auf welchem zum Glück noch kein Feuer angezündet war, zu nicht geringem Schreck und Erstaunen meines Koches.

Einen ähnlichen Vorfall hatte ich einmal mit einer Kette Hühner. Ich war ausgegangen, um eine neue Flinte zu probieren, und hatte meinen kleinen Vorrat von Hagel ganz und gar verschossen, als wider alles Vermuten vor mei-

nen Füßen eine Flucht Hühner aufging. Der Wunsch, einige derselben abends auf meinem Tische zu sehen, brachte mich auf einen Einfall, von dem Sie, meine Herren, auf mein Wort, im Falle der Not Gebrauch machen können. Sobald ich gesehen hatte, wo sich die Hühner niederließen, lud ich hurtig mein Gewehr und setzte statt des Schrotes den Ladstock auf, den ich, so gut sich's in der Eile tun ließ, an dem obern Ende etwas zuspitzte. Nun ging ich auf die Hühner zu, drückte sowie sie aufflogen ab und hatte das Vergnügen zu sehen, daß mein Ladstock mit sieben Stücken, die sich wohl wundern mochten, so früh am Spieße vereinigt zu werden, in einiger Entfernung allmählich heruntersank. Wie gesagt, man muß sich nur in der Welt zu helfen wissen.

Ein anderes Mal stieß mir in einem ansehnlichen Walde von Rußland ein wunderschöner schwarzer Fuchs auf. Es wäre jammerschade gewesen, seinen kostbaren Pelz mit einem Kugel- oder Schrotschusse zu durchlöchern. Herr Reineke stand dicht bei einem Baume. Augenblicklich zog ich meine Kugel aus dem Laufe, lud dafür einen tüchtigen Brettnagel in mein

Gewehr, feuerte und traf so künstlich, daß ich seine Lunte fest an den Baum nagelte. Nun ging ich ruhig zu ihm hin, nahm mein Weidmesser, gab ihm einen Kreuzschnitt übers Gesicht, griff nach meiner Peitsche und karbatschte ihn so artig aus seinem schönen Pelze heraus, daß es eine wahre Lust zu sehen war.

Zufall und gutes Glück machen oft manchen Fehler wieder gut. Davon erlebte ich bald nach diesem ein Beispiel, als ich mitten im tiefsten Walde einen wilden Frischling und eine Bache dicht hintereinander hertraben sah. Meine Kugel hatte gefehlt. Gleichwohl lief der Frischling vorn ganz allein weg, und die Bache blieb stehen, ohne Bewegung, als ob sie an den Boden festgenagelt gewesen wäre. Wie ich das Ding näher untersuchte, so fand ich, daß es eine blinde Bache war, die ihres Frischlings Schwänzlein im Rachen hielt, um von ihm aus kindlicher Pflicht fürbaß geleitet zu werden. Da nun meine Kugel zwischen beiden hindurchgefahren war, so hatte sie diesen Leitzaum zerrissen, wovon die alte Bache das eine Ende noch immer kauete. Da nun ihr Leiter sie nicht weiter vorwärts gezogen hatte, so war sie stehengeblieben. Ich ergriff daher das übriggebliebene Endchen von des Frischlings Schwanze und leitete daran das alte, hilflose Tier ganz ohne Mühe und Widerstand nach Hause.

So fürchterlich diese wilden Bachen oft sind, so sind die Keiler doch weit grausamer und gefährlicher. Ich traf einst einen im Walde an, als ich unglücklicherweise weder auf Angriff noch Verteidigung gefaßt war. Mit genauer Not konnte ich noch hinter einen Baum schlüpfen, als die wütende Bestie aus Leibeskräften einen Seitenhieb nach mir tat. Dafür fuhren aber auch seine Hauer dergestalt in den Baum hinein, daß er weder imstande war, sie sogleich wieder herauszuziehen, noch den Hieb zu wiederholen. – »Haha!« dachte ich, »nun wollen wir dich bald kriegen!« – Flugs nahm ich einen Stein, hammerte noch vollends damit drauflos und nietete seine Hauer dergestalt um, daß er ganz und gar nicht wieder loskommen konnte. So mußte er sich denn nun gedulden, bis ich vom nächsten Dorfe Karren und Stricke herbeigeholt hatte, um ihn lebendig und wohlbehalten nach Hause zu schaffen, welches auch ganz vortrefflich vonstatten ging.

Joseph von Lauff

Belehrung vor der Sauhatz

Das Weibsbild heißt Bache und Keiler
der Mann,
Und steigt er die Treppe des Alters hinan,
Dann wird so ein Schwarzrock, wie allbekannt,
Auch hauendes, gutes und Hauptschwein
genannt.
Der Vorkopf heißt Wurf und der Rüssel
Gebreche,
Der Hauzahn Gewehr, und wenn ich
noch spreche
Vom hinteren Spielwerk, so purzelnd und klein,
So nennt sich das Bürzel, auch Federlein.
So aber zwei Sauen in Liebe sich finden,
Sich grunzend vereinen und eh'lich verbinden,

Kurz, wenn sie erfüllen die heiligste Pflicht,
Dann sagt man: sie rauschen, doch rammeln
sie nicht.
Und naht sich die Zeit, wo in traulichen Banden
Gewisse Erwartung und Hoffnung vorhanden,
Ja dann, meine Herr'n, und mal ehrlich
gesprochen –
Die Bache, sie kommt nicht in Wehen
und Wochen,
Vielmehr und hingegen – und das bleibt
der Kern:
In diesem Falle: sie frischt, meine Herr'n.

Sapienti sat! – doch da fällt mir noch ein:
Will einer ein herzhafter Jägersmann sein,
Und steht er auf Anstand, und zwickt es und
zwackt es,
Und kommt da so'n Kneifen, so'n heillos
vertracktes,
In Gottes Namen, der gebe dem West,
Was sich nicht bannen und halten läßt!
Der Waldesodem verteilt und verweht es,
In Waldesrauschen zerfließt und zergeht es,
Es schadet dem Wild nicht und nicht dem Revier;
Doch nutzt es dem Ganzen und macht noch
Pläsier.

Annette von Droste-Hülshoff

Die Jagd

Die Luft hat schlafen sich gelegt,
Behaglich in das Moos gestreckt;
Kein Rispeln, das die Kräuter regt,
Kein Seufzer, der die Halme weckt.
Nur eine Wolke träumt mitunter
Am blassen Horizont hinunter,
Dort, wo das Tannicht überm Wall
Die dunkeln Kandelaber streckt.

Da horch, ein Ruf, ein ferner Schall:
»Hallo! hoho!« so lang gezogen,
Man meint, die Klänge schlagen Wogen
Im Ginsterfeld, und wieder dort:
»Hallo! hoho!« – am Dickicht fort
Ein zögernd Echo – alles still!
Man hört der Fliege Angstgeschrill

Im Mettennetz, den Fall der Beere,

Man hört im Kraut des Käfers Gang,
Und dann wie ziehnder Kranichheere
Kling! klang! von ihrer luftgen Fähre,
Wie ferner Unkenruf: Kling! klang!

Ein Läuten das Gewäld' entlang –
Hui, schlüpft der Fuchs den Wall hinab,
Er gleitet durch die Binsenspeere
Und zuckelt fürder seinen Trab:
Und aus dem Dickicht, weiß wie Flocken,
Nach stäuben die lebend'gen Glocken,
Radschlagend an des Dammes Hang;
Wie Aale, schnellen sie vom Grund,
Und weiter, weiter, Fuchs und Hund. –

Der schwankende Wacholder flüstert,
Die Binse rauscht, die Heide knistert
Und stäubt Phalänen um die Meute.
Sie jappen, klaffen nach der Beute,
Schaumflocken sprühn aus Nas' und Mund.
Noch hat der Fuchs die rechte Weite,

Gelassen trabt er, schleppt den Schweif,
Zieht in dem Taue dunklen Streif
Und zeigt verächtlich seine Socken.
Doch bald hebt er die Lunte frisch,
Und, wie im Weiher schnellt der Fisch,
Fort setzt er über Kraut und Schmelen,
Wirft mit den Läufen Kies und Staub;
Die Meute mit geschwollnen Kehlen
Ihm nach, wie rasselnd Winterlaub.
Man höret ihre Kiefern knacken,
Wenn fletschend in die Luft sie hacken;
In weitem Kreise so zum Tann,
Und wieder aus dem Dickicht dann
Ertönt das Glockenspiel der Bracken.

Was bricht dort im Gestrüppe am Revier?
Im holprichten Galopp stampft es den Grund;
Ha, brüllend Herdenvieh! voran der Stier,
Und ihnen nach klafft ein versprengter Hund.
Schwerfällig poltern sie das Feld entlang,
Das Horn gesenkt, waagrecht des Schweifes Strang,
Und taumeln noch ein paarmal in die Runde,
Eh Posto wird gefaßt im Heidegrunde.

Nun endlich stehn sie, murren noch zurück,
Das Dickicht messend mit verglastem Blick,
Dann sinkt das Haupt, und unter ihrem Zahne
Ein leises Rupfen knirrt im Thymiane;
Unwillig schnauben sie den gelben Rauch,
Das Euter streifend am Wacholderstrauch,
Und peitschen mit dem Schweife in die Wolke
Von summendem Gewürm und Fliegenvolke.
So, langsam schüttelnd den gefüllten Bauch,
Fort grasen sie bis zu dem Heidekolke.

Ein Schuß: »Hallo!« – ein zweiter Schuß: »Hoho!«
Die Herde stutzt, das Kolkes Spiegel kraust
Ihr Blasen, dann die Hälse streckend, so
Wie in des Dammes Mönch der Strudel saust,
Ziehn sie das Wasser in den Schlund, sie pusten,
Die kranke Sterke schaukelt träg herbei,
Sie schaudert, schüttelt sich in hohlem Husten,
Und dann – ein Schuß, und dann – ein Jubelschrei!

Das grüne Käppchen auf dem Ohr,
Den halben Mond am Lederband,
Trabt aus der Lichtung rasch hervor
Bis mitten in das Heideland
Ein Waidmann ohne Tasch' und Büchse;
Er schwenkt das Horn, er ballt die Hand,

Dann setzt er an, und tausend Füchse
Sind nicht so kräftig totgeblasen,
Als heut es schmettert übern Rasen:

»Der Schelm ist tot! der Schelm ist tot!
Laßt uns den Schelm begraben!
Kriegen ihn die Hunde nicht,
Dann fressen ihn die Raben.
Hoho hallo!«

Da stürmt von allen Seiten es heran,
Die Bracken brechen aus Genist und Tann;
Durch das Gelände sieht in wüsten Reifen
Man johlend sie um den Hornisten schweifen.
Sie ziehen ihr Geheul so hohl und lang,
Daß es verdunkelt der Fanfare Klang,
Doch lauter, lauter schallt die Gloria,
Braust durch den Ginster die Viktoria:

»Hängt den Schelm! hängt den Schelm!
Hängt ihn an die Weide,
Mir den Balg und dir den Talg,
Dann lachen wir alle beide;
Hängt ihn! Hängt ihn!
Den Schelm, den Schelm! – –«

Fritz Alexander Kauffmann

Leonhard und die Jagd

Nicht zufällig lag zugleich mit den Männchen ein Gewehr bei Leonhards Weihnachtsgeschenken. Obwohl Karl Ammann durchaus kein eigentlicher Nimrod war, hielt der Sohn seit jeher von der Jägerei außerordentlich große Stücke, so als ob er gewußt hätte, daß am Anfang die Jagd gewesen ist. Seiner Vorliebe für die Lebensform Robinsons entsprechend, mußte Selbstversorgung Leonhard als das eigentlich Wahre erscheinen. Kein Broterwerb konnte nach seinem Gefühl es mit der Jagd aufnehmen. Vorab lebte der Jäger ein freies Leben in der Natur, auf sich selbst gestellt, zu frugaler, kräftiger Kost gezwungen, überdies Wind und Wetter männlich preisgegeben. Eine Schlafhaube war hier nicht zu gebrauchen. Wache, feine Sinne forderte schon das Aufspüren der Beute. Jeder Schuß aber setzte eine Sekunde höchster Versammlung und Genauigkeit voraus, dazu die ruhige, sichere Hand, die jedem Respekt einflößt. Und trotz alledem traf selbst der beste Schütze nicht immer. Jagd bedeutete glücklicherweise Risiko, deshalb war ja das Wild auch nicht einfach Schlachtvieh: den lieben Tierlein wurde noch eine Chance gelassen, so wie es der Anstand eigentlich in jedem Falle verlangte. Andererseits konnte es bei dem Umgang mit Pulver und Blei für den Jäger immer einmal schlimm ausgehen. Neben dem Risiko stand demnach sogar stets eine Drohung im Hintergrund, und sie konnte wachsen, denn man jagte ja nicht immer Hasen. Den Vater sprang beispielsweise einmal eine verwilderte Katze an. Fast hätte ihn dies ein Auge gekostet. Zudem gab es Wilderer. Dann blieb die Frage, wer schneller schoß und ob man in der Aufregung traf. War aber das Wild zur Strecke gebracht, so trug man mit ihm zugleich eine schöne Erinnerung nach Hause, man wußte den ganzen Hergang, konnte noch lange das Lager zeigen, aus dem der Hase aufgegangen war, und bekam ohne alle Mittelsleute den leckersten Bissen in die Küche.

Leonhard mußte sich oft selber darüber wundern, daß so viele Gründe für die Jagd sprachen. Es war ja zum Beispiel gar nicht gesagt, daß alle Gegenstände, die mit dem Weidwerk zu tun hatten, so gut riechen mußten. Jede Patronenhülse, die er auflas, hielt der Jagdfreund an die Nase wie eine Blume. So feurig gepfeffert ging es höchstens noch bei Feuersteinen her! Öffnete Leonhard gar den Gewehrschrank, so drang ihm ein Duftgemisch entgegen, das er allen Spezereien Arabiens vorzog. Dieses Heiligtum war eigentlich nichts weiter als ein netter Zimmerschrank mit goldbraunem Nußbaumfurnier, dessen Türfüllungen man durch Scheiben ersetzt hatte und der innen dunkelgrün gestrichen worden war. Aber welch ein Unterschied gegenüber dem Waldmeisterduft der Wäscheschränke! Vor allem roch es im Gewehrschrank nach allen Arten guten Leders, nach Riemen, nach Gürteln, nach Etuis, nach Hundeleinen, nach Hals-

bändern, nach Besätzen. Daneben meldete sich der strenge Duft des Stahls und des Nik-
kels. An den Pulverdampf erinnerten nicht nur die Wischstöcke, sondern merkwürdigerweise auch die Kartons voll Patronen. Etwas sehr Feines gaben endlich die gewichsten Schäfte und Kolben der aufgereihten Büchsen drein. Aber es lag da noch etwas in der Luft, das über alle Begriffe war. Lange kam Leonhard dem sonderbaren, ja schauerlichen Geheimnis nicht auf den Grund. Schließlich löste sich das Rätsel: der alte grüne Rucksack, der »Hasenkirchhof«, hing im Gewehrschrank. Blutgeruch, vom Schweiß der Beute, braute also bedenklich in dem ahnungsvollen Gemisch. Ein paar Löffel Blut gaben auch dem Hasenpfeffer erst jene grieselig schauderhafte Schwärze, die ihn zum höchsten der Jagdgenüsse machte. Freilich nur Herzblut war hier zu gebrauchen. Stets sah deshalb Leonhard mit höchster Spannung zu, wenn seine Mutter die Herzkammer öffnete und den dunklen Schwall geschickt in einem Napfe auffing. Selbst beim toten Hasen brauchte man noch eine sichere Hand und sogar Jagdglück, denn die Herzkammer konnte

auch leer sein. In jedem Punkt bedeutete eben Jagd schlechthin das Interessante und Starke, gleich Donner und Blitz. Nicht zufällig führte auch jeder Jäger Kirschengeist mit sich, der wie Feuer brannte – und in einem allerliebsten »Budel«.

Unbegreiflicherweise war in der Tat alles, was der Weidmann im Gebrauch hat, von vollendeter Schönheit. Schon eine Patrone mit dem Lederbraun und dem Messing konnte sich sehen lassen. Der ernste Patronengurt ging weit über die prächtigste Schärpe. Die leicht durchgebogene Hupe war ein reizendes Ding, und mußten nicht die schwungvollen Hifthörner, die man auf Bildern sah, etwas ganz Unerhörtes sein? Jagdtaschen hatten erst recht alle Vorzüge; die des Vaters war aus dunkelgrünem Leder und schon recht abgewetzt, aber nur zu ihrer höheren Ehre. In dem schwungvollen Ausschnitt ihres Überfalls erschien als Zier ein Stück dichten lichtgrauen Rehfells, nirgends sonst sah man solch ein Grün und Grau beieinander. Wie als letzte vollendende Fingerdrücke saßen zwei kleine schwarze Rehschalen in dem mittleren Feld. Im Sommer zottelte dann über die Klappe der Jagdtasche gar noch ein halbes Dutzend zierlich geflochtene Lederschlingen zum Aufhängen der Rebhühner. Das war auch wieder so eine Dreingabe, die kein Mensch vorhersehen konnte. Nun aber erst die Büchsen! Wenn sich ihre Läufe so hart und streng aufreihten, war leicht zu erkennen, daß in diesen treuen Kameraden der Tod wohnte. Sonst freilich schienen sie fast allzu kostbar für den grimmigen Gebrauch. Jede dieser Flinten hatte am Schloß ziseliertes Rankwerk, das gleich einem Traum im harten Stahl ruhte. Bei allen war ferner dort, wo Holz und Metall sich am innigsten begegnen, die Oxydschicht lebhafter gewölkt und manchmal fast wie ein Pantherfell getupft. Ob das wohl an den Pulverdampf erinnern sollte? Man mochte streiten, ob die doppelläufigen Jagdgewehre oder die Stutzen schöner seien. Die kleine Batterie der Doppelhähne bei den Jagdgewehren hatte nicht leicht ihresgleichen, dies war gewiß. Aber bei den Stutzen flammten dann wieder die Kolben unerhört auf, wie das Holz alter Violinen, und an die Umrisse dieser Instrumente erinnerte auch der phantastische

Bügel unter den Drückern. Dazu waren die Wangen des Zimmerstutzens und vor allem der Scheibenbüchse wilde, weit vorstehende, saftig glatte Knorren, bei denen man gar nicht glauben konnte, daß sie im Kolben dann doch wieder so unmerklich aufgingen. Das ganze Abenteuer von Schuß und Jagd sprach unverkennbar aus diesen Gebilden. Leonhard hielt sie lange für die Jagdflinten von Tirolern, einem bei ihm sehr hochgeschätzten Völkerstamm. Für sich selbst hingegen hätte er natürlich allzugern die zierliche zweiläufige Vogelflinte in Anspruch genommen. Er wußte nicht, ob es ein Tesching oder ein Flobert sei. Die Patronen für dieses elegante Ding nannte der Vater »Vogeldunst«. Konnte es ein hübscheres Wort geben? Überhaupt die Namen! »Revolver« grollte wie Donnerrollen, und dem schweren schwarzen Armeerevolver des Vaters sah man dies auch an. Bei »Terzerol« hörte Leonhard die Kugeln spritzen.

Während der Schußzeiten holte Karl Ammann fast jede Woche einen Hasen für den Sonntagstisch. So kam sein Ältester sehr oft auf die Jagd. Rehe gab es im Revier leider nur wenig. Die schoß der Vater meist bei Jagdfreunden. Von fremden Jagden kamen auch manchmal besonders schöne Beutestücke ins Haus, vor allem Wildenten, die viel schneidiger und weidmännischer aussahen als zahme; einmal kehrte Karl Ammann mit einem fremden Jäger aus dem Badischen zurück. Sie brachten zwei Fasanen mit, darunter einen Hahn, an dem sich Leonhard nicht sattsehen konnte. Bis in die weitentfernten Spitzen der Schwanzfedern schien das ganze Gefieder wie von Goldplättchen überrieselt. Aber dieses Al-

lerschönste war wieder einmal nur aufgetaucht, um sich anschauen und ersehnen zu lassen: Der Fremde durfte den Hahn mitnehmen, dem Kloster blieb nur die unscheinbare Henne. Leonhard begriff nicht, wie der Vater so selbstlos sein konnte. Zum Glück brachte der Forstwart manchmal einen Häher. Die schwarzen Flügelfederchen

mit den szillablauen Bändern gingen dem Begehrlichen noch über das Fasanengold, sie konnten an ewiger Herrlichkeit durch nichts übertroffen werden. So mußten die Engel Flügel haben. Aber auch jener ganz einfach kohlschwarze Rabe, den der Vater gleich nach der Pantoffelweihnacht von der Treibjagd heimbrachte, war unerhört. Erst gegen Abend wurde er erlegt, als Leonhard schon zu Haus war und es schon dunkelte. Das gab dem großen Vogel noch eine besondere Nächtlichkeit. Man behauptete, es sei kein gewöhnlicher Rabe, sondern einer aus dem hohen Norden. Wie der Schaulustige ihn ganz verlassen auf einem der tiefen Fenstersimse liegen sah und das Gefieder sich in Daunenschauern lackschwarz wölbte, zugleich sehr plastisch und von luftigstem Nichts erfüllt, da war es, als sei der feierliche Tod selbst gegenwärtig. Aber nicht schrecklich, sondern sehr sanft und höchstens wie Nornengemurmel. In allen Fasern verlangte es Leonhard danach, den köstlichen Stoff zu durchwühlen, er wagte es nicht. Der große, von feinstem Grau behauchte Schnabel, das geschlossene Auge waren so nachdenklich, der

Kopf ruhte so unnennbar, im Flügelbogen war es wie ein Achselzucken, sehr weh. Als Leonhard später von der Weisheit des Odintieres hörte, hielt er die Sache für durchaus denkbar. Es war ihm recht, daß der Vater den seltenen Raben nicht selbst geschossen hatte. Er verschwand auch weiß Gott wohin.

Ein einziges Mal sah Leonhard seinen Vater auf den Schnepfenstrich gehen, es war allerdings erst in den späteren Denkendorfer Jahren. Sonderbar erregt schien er damals, atmete ganz kurz. Den Feldstecher nahm er mit, und kein Wort sprach er, als er den Gewehrschrank schloß. Man wußte noch nicht, was er im Schild führte. Aber nach Stunden brachte er richtig den braunen Vogel mit dem langen Schnabelspieß. Er lüftete die Flügel und fand ein paar wunderfeine gelbrote Federchen. Die schenkte er der kunstreichen Mathilde als die spitzesten aller Malpinsel. Dann holte er mit einem Zweigchen das Eingeweide aus dem Tier und barg den »Schnepfendreck«. Leonhard durfte später davon kosten. Er schmeckte unerhört, wie die Fülle einer Pastete, die im Gewehrschrank gebacken wäre. Die pfriemenförmigen Federchen sah er später noch öfters bei seiner Patin. Er reihte sie unter die Jagdtrophäen ein und brachte sie deshalb mit den Hirschgrandeln zusammen, die an der Uhrkette des neuen Oberförsters hingen. Er fand es bemerkenswert, daß in solch kleinen Andenken gleichsam das ganze Tier mit allem Drum und Dran fortlebte.

Das eigentliche Vogelwild des Denkendorfer Reviers waren die Rebhühner. Leonhard hielt von ihnen wesentlich mehr als von den Hasen. Hasen waren bloß nett, wenn sie ein Männchen machten. Tote sahen meist lahm und formlos aus, überdies waren die Vorderläufe so kurz. Nur das weiße Hasenschwänzchen, von den Jägern »Blume« genannt, fand Gnade, zum Federwischen war die Blume viel zu rein, den einzigen schwarzen Fleck, der ihr zukam, besaß sie schon. Bei den Rebhühnern nun fand es Leonhard immer unwahrscheinlicher, daß etwas so Bemerkenswertes scharenweise herumlief, während zum Beispiel die Sperber, deren Braungefieder von ähnlichem Reiz war, nur selten und ganz vereinzelt auftraten. Allerdings hatten die Raubvögel am Bauch jenes unsäglich kostbare Netz mit den hängenden bräunlichen Maschen auf dem seidighellen Grunde, aber die graue Unterseite der Rebhühner mit ihrem verbindenden Anflug von Braun ging eben auch über jeden Begriff. Erst als das Fehfutter im Schlittenmantel Klara Ammanns bekannt wurde, konnte man über diese graue Ewigkeit überhaupt reden, zumal es auch in den Fehhaaren unterwegs knisternd wimmelte, freilich noch prickelnder. Dafür hatten aber die Rebhühner das kleine Obendrein von Rostrot am Kopf, das auch die Sperber nicht aufbrachten. Die Figur der Rebhühner war allerdings schlecht; sie glichen Verwachsenen, von ihrem Hals sah man erst etwas, wenn sie tot waren. So kurz gebaut mußten sie freilich vielleicht sein, um derart plötzlich abschwirren zu können, denn dies ist ja, wie wenn ein Mörser mit Kanonenkugelschrot schösse. Als Leon-

hard zum erstenmal ein »Kitt« Rebhühner auffliegen hörte, hielt er alles für verloren. Später gehörte ihm dieses Prr zu jenen Geräuschen, in denen man das vernahm, was für ihn entscheidend war. Die Rebhuhnmütter aber flogen nicht fort; sie blieben bei ihren Kücken bis in den Tod. Deshalb kam auch seinerzeit der kleine braune Korb voll Rebhuhnkindern ins Haus, deren Mutter beim Mähen das Leben hatte lassen müssen. Ganz erstarrt wurden sie gebracht. Man stellte den Korb auf den Herd, da begann es darin allmählich lebendig zu werden. Leonhard konnte sich an dieser rührenden Herrlichkeit nicht satt sehen. War ihm je etwas so Reines, so Dunkelfrisches in lauter so köstlich geschlossenen Formen vorgekommen? Nur die Muschel mit den Panthertupfen auf dem Kachelofen kam hier einigermaßen mit, aber auch nicht ganz. Denn sie stammte aus dem Meer, und da war auch noch die bröselige Erde, bröselig und doch ganz jung.

Wer nicht wußte, was Unschuld ist, an diesen Naturwesen aus der wilden Fremde hätte er sie erleben müssen. Eben noch treulichst behütet, sahen sie aus wie Kinder aus gutem Hause, die unter die Räuber gefallen wären, gepflegt, gesittet und zurückhaltend. Sie nahmen kein Futter aus einer fremden Hand. Stundenlang versuchte man es, sie aufzupäppeln. Leonhard zitterte wie am Lager eines Todkranken. Schließlich gab man sie einem Huhn unter ihre Kleinen, von denen sie nicht allzu sehr abstachen. Leonhard hörte aber später, daß sie alle gestorben seien. Wer trug nun die Schuld?

Auf der Rebhuhnjagd sah man auch erst, was ein rechter Jagdhund ist. Sonst, wenn Tom von der Leine los war, rannte er sich halb zu Tode und lag nachher wie eine Dampfmaschine schnaufend mit triefendem Maul und hängender Zunge unter dem Tisch. Höchstens apportierte er einmal oder machte Couche tout beau, wenn man ihn rief, so demütig, daß man sich für ihn genierte. Ging es aber auf Rebhühner, so war er unversehens in seinem Element und trat ganz anders auf. Man brauchte bloß »Hab Acht« zu sagen, so begann er sich wie auf

Parkett zu bewegen, einen Fuß behutsam vor den anderen setzend und ganz gesammelt. Dann urplötzlich stand er wie angewurzelt, die Schnauze im Wind, und Leonhard sah ihn auch so. Nichts konnte endgültiger umschrieben sein. Man begriff kaum, daß der Gebannte nicht beim kleinsten Lüftchen umfiel, so unwahrscheinlich wirkte die vollendete Pose des Standbildes auf seinen drei Beinen. Erst ein leise flötender Pfiff gab ihn frei. Dann zerbrach die gläserne Starre von einem Augenblick zum anderen, und mit gelöstem Gliederspiel näherte er sich dem scheuen Wild, um es aufzujagen. Nach dem Schuß wurde aber dann der Jäger selbst für einige Sekunden zum Bilde. Das Gewehr in beiden Händen vor sich haltend, den Kopf im Genick, wartete er hochaufgerichtet, was stürzte, während noch der Rauch aus dem Laufe kam.

Leonhard sah seinen Vater ohnehin gern im Jagdkostüm. Die hochgeschlossene moosgrüne Joppe mit den Hirschhornknöpfen, die weichen Schaftstiefel, der wetterfeste kleine Hut erschienen ihm als die geeignetste Tracht für den rechten Mann.

Tania Blixen

Großes Glück mit Löwen

Denys und ich hatten, sooft wir gemeinsam auszogen, großes Glück mit Löwen. Manchmal kam er von einer Jagdsafari von zwei oder drei Monaten verdrossen heim, weil es ihm nicht gelungen war, den Europäern, die er mitgenommen hatte, einen anständigen Löwen vorzuführen. In der gleichen Zeit waren zu mir die Massai gekommen und hatten mich gebeten, einen bestimmten Löwen oder eine Löwin, die ihnen das Vieh raubten, abzuschießen, und Farah und ich waren ausgezogen, hatten in ihren Manyattas kampiert, hatten gepaßt und gelauert, waren in der Morgenfrühe umhergestreift und hatten nicht einmal die Spur eines Löwen entdecken können. Aber wenn Denys und ich ausritten, dann waren die Löwen der Steppe zur Stelle, als erwarteten sie uns, wir trafen sie bei ihrer Mahlzeit oder sahen sie über die trockenen Flußbetten wechseln.

Eines Neujahrsmorgens vor Sonnenaufgang fuhren Denys und ich die Narokstraße entlang, so rasch es der frische Schotter erlaubte.

Denys hatte tags zuvor einem Freunde, der mit einer Jagdgesellschaft nach Süden gezogen war, seine schwere Büchse geliehen. Spätabends war ihm eingefallen, daß er vergessen hatte, ihm einen besonderen Handgriff zu erklären, durch den der Stecher ausgeschaltet werden konnte. Er war nun ernstlich besorgt deswegen, weil er fürchtete, der Jäger könne aus dieser Unkenntnis irgendwie zu Schaden kommen. Uns fiel nichts Besseres ein, als so früh wie möglich aufzubrechen, auf der neugebauten Straße abzuschneiden und die Jagdgesellschaft in Narok abzufangen. Die sechzig Meilen Weges führten durch ein unwirtliches Gelände, aber die Jagdgesellschaft reiste auf der alten Straße und konnte nicht allzu schnell vorwärtskommen, da sie schwerbeladene Lastwagen mit sich führte. Bedenklich war nur, daß wir nicht wußten, ob die neue Straße schon bis nach Narok durchgeführt war.

Die frühe Morgenluft des afrikanischen Hochlandes ist von so eindringlicher Kälte und

Härte, daß einen immer wieder die gleiche Vorstellung befällt: man sei nicht auf der Erde, sondern in dunklem, tiefem Wasser und rase auf dem Boden des Meeres dahin. Man weiß nicht einmal gewiß, ob man sich überhaupt bewegt, ob der Kältedruck gegen das Gesicht nicht von einer Tiefseeströmung herrührt und das Auto nicht wie ein träger elektrischer Fisch still am Meeresgrunde ruht und mit den zwei leuchtenden Augen seiner Scheinwerfer vor sich hinstarrt und das Leben der Tiefsee an sich vorübergleiten läßt. Die Sterne scheinen so groß, weil es nicht die wirklichen Sterne sind, sondern Spiegelungen, die auf der Oberfläche des Wassers flimmern. Längs des Weges auf dem Meeresgrunde tauchen, dunkler als ihre Umgebung, immerfort lebendige Gebilde auf, springen in die Höhe und tauchen ins lange Gras. Wie wenn Krabben und Strandflöhe im

Sande ihre Fährte zögen. Gegen Sonnenaufgang wird das Licht klarer, der Meeresboden hebt sich zum Wasserspiegel empor, steigt hervor, ein neuerschaffenes Eiland.

Wirbel von Gerüchen fegen rasch vorüber, der herbe, kräftige Duft der Olivenbüsche, der laugige Geruch verbrannten Grases, plötzlich eine stickige Welle Verwesungsgestank. Kamithia, Denys' Boy, der auf dem Hintersitz des Kastenwagens saß, berührte leicht meine Schulter und wies nach rechts. Seitab der Straße, zwölf oder fünfzehn Schritt entfernt, war ein dunkler Klumpen, wie eine Seekuh, die sich auf dem Sande flezte, und obendrauf hockte etwas und regte sich im dunklen Wasser. Der Klumpen war, wie ich nachher sah, ein großer toter Giraffenbulle, der vor zwei oder drei Tagen geschossen worden war. Es ist nicht erlaubt, Giraffen zu schießen, und Denys und ich hatten uns später gegen den Vorwurf zu wehren, daß wir ihn geschossen hätten; wir konnten aber nachweisen, daß er schon längere Zeit tot war, als wir ihn fanden, und es kam nie heraus, wer ihn getötet hatte. An dem riesigen Aas der Giraffe hielt eine Löwin ihr Mahl und hob den Kopf und die Schulter über sie hinweg, um nach dem vorbeifahrenden Auto zu spähen. Denys hielt an, und Kamithia löste das Gewehr, das er trug, von der Schulter. Denys fragte mit leiser Stimme: »Darf ich sie schießen?«, denn er betrachtete aus Ritterlichkeit die Ngongberge als mein privates Jagdrevier. Wir passierten eben das Gebiet der Massai, die mich aufgesucht und über den Verlust ihrer Rinder geklagt hatten; war das der Räuber, der ihnen eine Kuh und ein Kalb nach dem andern gerissen hatte, dann war es Zeit, mit ihm ein Ende zu machen. Ich nickte.

Er sprang vom Wagen und schlich einige Schritte zurück; im selben Augenblick tauchte die Löwin hinter den Giraffenleib, er lief um die Giraffe herum auf Schußweite heran und feuerte. Ich sah die Löwin nicht fallen; als ich ausstieg und herzukam, lag sie tot in einer großen schwarzen Lache. Wir hatten keine Zeit, sie abzubalgen, wir mußten eilen, wenn wir die Jagdgesellschaft in Narok abfangen wollten. Wir schauten uns um und merkten uns die Stelle, der Gestank der Giraffe war so stark, daß wir sie kaum verfehlen konnten.

Aber als wir noch zwei Meilen gefahren waren, hörte die Straße auf. Das Werkzeug der Straßenarbeiter lag herum, drüben dehnte sich weithin im grauen Frühlicht das steinige Land, unberührt von jeder Menschenhand. Wir blickten auf die Picken und über das Land hin: Wir mußten Denys' Freund mit dem Gewehr seinem Schicksal überlassen. Später, als er zurückkam, erzählte er uns, daß er gar nicht dazu gekommen war, es zu gebrauchen. Wir drehten also wieder um und hatten nun den Osthimmel vor uns, der sich über der Steppe und den Bergen rötete. Wir fuhren auf ihn zu und sprachen immerfort von der Löwin.

Die Giraffe kam in Sicht, und diesmal konnten wir sie genau erkennen und, wo das Licht sie seitlich traf, die dunkleren Flecken auf

ihrem Fell unterscheiden. Als wir näher herankamen, sahen wir, daß auf ihr ein Löwe stand. Unser Weg lag von dieser Seite aus etwas tiefer als der Giraffenleib, der Löwe ragte dunkel darüber auf, hinter ihm der Himmel war eine lodernde Glut. So stand er da, ein lebendiges Wappenschild: Löwe auf Goldgrund. Eine Strähne seiner Mähne hob der Wind. Ich sprang im Wagen auf, so gewaltig war der Eindruck, und Denys sagte: »Diesmal schießt du.« Ich schoß nicht gern mit seinem Gewehr; es war zu lang und schwer für mich und hatte einen starken Rückschlag, aber hier war der Schuß ein Liebesbote, mußte da das Gewehr nicht vom stärksten Kaliber sein? Als ich schoß, schien mir's, als schnellte der Löwe in die Höhe und käme mit angezogenen Pranken wieder zu Boden. Ich stand keuchend im Grase, ergriffen von der Allmacht, die einem ein Schuß verleiht, der ein Wirken in die Ferne ist. Ich ging um den Leib der Giraffe herum. Vor mir lag das Schlußbild einer Tragödie. Da lagen sie nun alle tot. Die Giraffe sah unmäßig groß aus, unheimlich mit ihren vier steifen Beinen und ihrem langen steifen Hals, den

Bauch von der Löwin zerfetzt. Die Löwin lag auf dem Rücken, das Gesicht zu gehässigem Fauchen verzerrt, sie war die *femme fatale* der Tragödie. Der Löwe war nicht weit von ihr hingestreckt – wie war es möglich, daß ihr Schicksal ihn nicht gewarnt hatte? Sein Kopf ruhte auf den zwei Vorderpfoten, die mächtige Mähne legte sich wie ein Königsmantel darüber; auch er lag in einer großen Lache, und das morgendliche Licht war jetzt so hell, daß sie scharlachrot schimmerte.

Denys und Kamithia krempelten ihre Ärmel auf und balgten die Löwen ab, indes die Sonne aufging. Als sie eine Ruhepause machten, holten wir uns eine Flasche Rotwein und Rosinen und Mandeln aus dem Wagen; ich hatte sie für unterwegs zum Naschen mitgenommen, denn es war ja der Neujahrstag. Wir setzten uns aufs kurze Gras und aßen und tranken. Die toten Löwen neben uns waren wunderbar anzuschauen in ihrer Nacktheit, keine Spur von überflüssigem Fett war an ihnen, jeder Muskel eine kühn geschwungene Kurve, sie bedurften keiner Hülle, sie waren durch und durch, was sie sein sollten.

Als wir so saßen, huschte ein Schatten über das Gras und über meine Füße, und aufschauend erblickte ich hoch im hellen Blau des Himmels kreisende Geier. Mein Herz war so beschwingt, daß mir war, ich ließe sie da oben fliegen, wie man an einer Schnur einen Drachen steigen läßt. Ich machte ein Gedicht:

»*Des Adlers Schatten eilt über die Steppe*
zu den fernen, namenlosen, luftigblauen
Bergen.
Aber der Schatten der kleinen rundlichen
Zebras
liegt tagsüber zwischen ihren zarten Hufen
– wartet auf den Abend, hofft, sich
aufzustrecken, bläulich
auf der Steppe, die wie Ziegel rot
die Sonne malt –
sehnt sich nach dem Wassertümpel.«

Ernst Wiechert

Mein erster Adler

Ich war dreizehn Jahre alt und aus der Stadt zu den Sommerferien nach Hause gekommen. Wir hatten einen neuen Forstaufseher bekommen, und er empfing uns, meinen Bruder und mich, mit den Worten: »Ich weiß einen Schreiadlerhorst, und einer von euch darf einen Adler schießen.« Es gab genug Wunder in unsren Wäldern, aber es dauerte eine Weile, bis wir dieses Wunder begriffen. Wir sahen einander an, mein Bruder und ich, und in diesem Blick fühlten wir, daß Böses und Schmerzliches unter diesem Wunder lag: Einer von uns mußte verzichten. Keiner würde es freiwillig tun, denn für einen Adler würden wir unsre Seligkeit verkauft haben. Wir sprachen nicht miteinander, aber mit jedem Blick wußten wir, was der andre dachte.

Am zweiten Tag mußten wir losen. Mit Grashalmen, wie sich das im Walde gehörte.

Und ich verlor. Ich starrte auf meinen Halm und dann auf den meines Bruders: Es war kein Zweifel, daß ich verloren hatte. Es war selbstverständlich, daß ich weinte. Und heute, wenn ich die fünfunddreißig Jahre zurückblicke, ist es mir auch selbstverständlich, daß ich mich gegen mein Schicksal auflehnte. Ich wußte damals nicht, daß jedes Schicksal gut ist. Ich saß auf meinen Lieblingsplätzen in den Wäldern und grübelte. Drei Tage lang. Und am vierten nahm ich einen großen weißen Bogen aus dem Schreibtisch meines Vaters und schrieb: »Ich verspreche und gelobe bei meiner heiligen Ehre...« So fing es an. Und dann folgte die Liste aller Dinge, Besitztümer, Privilegien und Gerechtsame, die ich auf meinen Bruder übertrug, wenn er mir den Adler überließe.

Es waren vier Bogenseiten. So reich ist ein Kind. Von zwei Zauberringen, die ineinanderzuschieben und wieder zu lösen waren, bis zu dem unbeschränkten Recht auf die Führung meines gezogenen Teschings, Sechsmillimeterkaliber, belgisches Fabrikat, Fleckschuß auf hundert Meter mit der drei Zentimeter langen

Winchesterpatrone, fehlte nichts. Ich war ein Bettler nach diesem Vertrag, ein waffenloser Krieger, ein Steinzeitparia. Aber ich würde eine Adlerfeder an der Mütze tragen!

Und mein Bruder verkaufte seine Erstgeburt. Um mehr als ein Linsengericht, aber er verkaufte sie. Ich glaube, daß er es mehr aus Güte tat als aus Lust an meinem Besitz, und ich schämte mich ein wenig. Nicht so sehr, daß es quälend war, aber ganz unten in meiner Seele war eine dunkle Kammer, an der ich scheu vorüberging. Erst viele Jahre später habe ich sie aufgemacht.

Und dann gingen wir eines Julimorgens los, der große Jäger und ich. Um halb vier Uhr, und ich hatte nicht mehr als eine Stunde geschlafen. Es war weiter als eine Meile. Betaute Wälder, über denen die Sonne sich hob und in denen jede Spur und jede Stimme mir vertraut war. Ich trug meines Vaters Doppelflinte und seine Jagdtasche, und mein Herz schlug schon, als ich über die Schwelle unseres Hauses trat. Auch die Eroberung Amerikas kann nicht viel anders gewesen sein. Ein Gang mit dem großen Jäger war nicht leicht. Vieles

mußte gewußt werden: jeder Vogelruf, jeder Vogelflug; was es bedeutete, daß die Kiefernzapfen weit geöffnet auf dem Moos lagen und daß der Tau auf den Spinngeweben funkelte; Windrichtung und jede Fährte im Sand; das Alter der Bruchstelle an einem geknickten Zweig und das Alter der Schonung, durch die wir gingen. Es war schwer, aber heute will mir scheinen, als ob ein Mensch in zwei solchen Stunden mehr hätte lernen können als in einem ganzen Jahr der Untertertia.

Der Horst lag an unsrem zweiten See, abseits der sumpfigen Ränder, in einer Verborgenheit, die ich noch niemals betreten hatte. Kraniche riefen von den Uferwiesen, Bäume waren übereinandergestürzt, Porstbüsche wucherten, und die Luft war schwer und fremd, die Dschungelluft eines andern Erdteils. Lautlos schleiche ich in der Spur des großen Jägers. Wir hören den Adler schreien und lauschen. Es ist ein andrer

Schrei als der des Fischadlers, aber auch er ist klagend, traurig fallend und ergreifend. Der Wald steht wie ein finsteres Gewölbe und fängt den Schrei auf. Seltsam ist alles, wie ein verbotener Weg, ein Einbruch in ein gebanntes Heiligtum.

Aber der Jäger winkt und der Adlerschrei ist verstummt. Wir stehen unter dem Horst, gedeckt von einem Lindenbusch, unbeweglich, eine halbe Stunde lang. Noch einmal ruft in der Ferne der Adler, und über uns, aus dem riesigen Horst, antwortet die klagende Stimme des Jungen, hoch und ängstlich wie die Stimme eines Rehkitzes. Ein weißer Kopf schiebt sich über den Horstrand, fahl und häßlich wie der Kopf eines Moorgespenstes.

Mahnend hebt der Jäger die Hand. Und dann pflückt er ein junges Lindenblatt, hebt es an die Lippen, und nun ruft es von unten herauf wie ein junger Adler, klagender noch und wie in Not. Meine Augen fliegen durch den rötlich bestrahlten Wald. Mein Herz klopft, und ich sehe Adler überall. »Ruhig«, sagt der Jäger leise. »Ganz ... ruhig ...«

Und dann ist er da. Lautlos. Zuerst ein

Schatten, der dunkel und groß über die Wipfel jagt. Und dann er selbst. Die riesigen Schwingen, der herabschießende Leib. Etwas Dunkles fällt in den Horst, eine unerkennbare Beute. Sekundenlang das Bild des Vogels auf einem grauen Eichenast, sich öffnende Schwingen... der Ast, der hinter ihm erbebt... der Donner des verstörten Schusses... Widerhall... Schweigen... vorbei...

Was hilft es, daß der Jäger mich tröstet? Wir gehen zurück. Jeder Schritt ist ein Schritt durch ein Meer von Schande, Schmerz und Verstoßung. Vorbei. Der erste Adler vorbei. Mein Bruder lächelt nicht, aber in der Nacht, in unsrer Oberstube, als er mich leise weinen hört, sagt er ruhig: »Wenn du willst, kannst du noch einmal gehen.« Er hat seine Erstgeburt verkauft, aber nun verschenkt er sie. Ich weiß, daß er besser ist als ich, und ich liebe ihn sehr. Es ist dunkel, er kann es nicht sehen, und so brauche ich mich nicht so sehr zu schämen.

Zwei Wochen später habe ich den Adler geschossen. Aber es hat mich nicht mehr gefreut. Er starb vor mir auf dem Moos, und die kleinen dreckigen Federn in seinem Nacken bebten leise in seinem Tod. Es war die erste große Erfahrung meines Lebens: daß die Sehnsucht besser ist als der Besitz. Ich habe keine Adler mehr geschossen, und wenn ich heute den großen und traurigen Schrei noch einmal höre, dann stehe ich lange still und lausche, und aus dem dunklen Tal der Erinnerung steht eine zweite Stimme auf, eine tiefe und ernste Stimme, die sich mit der hellen des Vogel verflicht: »Wenn du willst, kannst du noch einmal gehen...«

Aber ich weiß nun, daß es nicht gut ist, noch einmal zu gehen.

Hermann Löns

Vor der Wildwiese

Vier Wochen sind es her, da saß ich vor der Wildwiese und sah mir das Damwild an, das in dem langen herbstlichgelben Grase sich äste.

Friedlich und verträglich waren sie alle, der starke äste sich neben dem kapitalen, der angehende stand bei dem starken Schaufler, selbst die Schmalspießer bewegten sich sorglos und sicher. Heute bin ich wieder im Tiergarten. Aber auf der Wildwiese ist es leer, kein Stück steht da, nur ein Bussard kreist über der kahlen Wiese, und die Markwarte streichen warnend von einem Tannenhorst zum andern.

Ich will schon weitergehen, da sehe ich einen schwarzen Fleck in den hohen Schmeelen, der sich in unregelmäßiger Bewegung vorwärts schiebt. Ein angehender Schaufler ist es. Er äst sich unruhig, verhofft alle naselang und sichert manchmal eine ganze Weile.

Ganz hinten vom Fang her klingt ein seltsamer Schrei, ein röchelnder, wütender, böser Ruf. Der Schneider vor mir wirft auf, tritt hin und her und zieht dann der Fichtendickung zu, so schnell es ihm die lahme linke Keule erlaubt. Der Schrei vom Fang her und die lahme Keule, sie sagen mir, daß es aus sei mit der Friedlichkeit und Verträglichkeit im Tiergarten. Jetzt setzt es Schaufelhiebe und Kampfsprossenstöße, daß es kracht und klappert, daß Haare und Deckenfetzen fliegen. Die Brunft ist im Gange.

Die breite Schneise gehe ich entlang, der Richtung zu, von der der Brunftschrei kam. Ab und zu bleibe ich stehen und horche. Goldhähnchen piepsen, Meisen zetern, eine Krähe quarrt, der Turmfalke ruft. Und dann kommt der röchelnde Kampfruf näher.

Unter den hohen Buchen, da, wo das Falllaub in der Sonne wie rotes Gold zwischen den dunklen Stämmen leuchtet, sind große schwarze Flecke in Bewegung. Damwild nimmt da Mast auf. Ein ganzes Rudel ist es. Aber die alte Verträglichkeit ist nicht darin. Die Kälber stehen allein, ihre Mütter schlugen sie ab, sie sind ihnen lästig. Die Schneider halten sich abseits von den Schauflern, sie haben mehr als einmal eins in die Rippen gekriegt und nun übergenug davon. Der Hauptschaufler aber äugt stolz umher und schreit ab und zu.

Von links, wo die Kastanien in der Sonne gelbrot brennen, taucht in goldenem Halmgewirre ein schwarzer Fleck auf und zieht näher. Über dem glitzert etwas Breites, Gespreiztes, Zackiges in der Sonne, das sich hebt und senkt. Und dann kommt von dem Fleck ein Schrei, ein frecher, herausfordernder Ruf.

Der Schaufler vor mir wirft auf und sichert nach dem Gegner. Würdig und besonnen zieht er ihm näher, unterwegs aber besinnt er sich und äst sich an dem Grasfleck am Wege. Der andere kommt näher und näher, sein Kampfruf klingt immer böser, aber wie er ganz dicht heran ist, da senkt auch er das Haupt und äst sich an den Bucheckern. Ich glaube, die Brunft ist doch noch nicht ordentlich im Gange.

Ich warte und warte, aber es kommt nicht zum Kampf. So bummele ich im Bogen nach dem Fang und von da an dem Gatter entlang. Dicht vor mir wird hinter einer in blankem Messing prangenden Hainbuche ein Schaufler hoch. Mühsam hinkt er weiter. Das ist der zweite lahme Kämpe heute. Die Brunft ist doch schon im Gange.

Ein Brechen und Prasseln ist vor mir. Ich schlage einen Bogen und stehe dem Weymouthskiefernhorst gegenüber. An dessen Kante schlägt ein Hauptschaufler. Knörend und schreiend zieht er vor der Dickung hin und her, wirft den gelben Sand mit den Schalen und Schaufeln in die Luft als goldenen Regen, stellt sich auf die Hinterläufe und schlägt mit den Schaufeln in das blaugrüne Geäst, daß grüne Brüche herumfliegen.

Er hat schön da gewirtschaftet. Drei, vier Stämme, seine Schlagbäume, zeigen den rotgelben Bast und den weißen Splint. Immer wieder schlägt er ihnen die Schaufeln in die Rinde, stellt sich hoch und bearbeitet die Zweige. Einem Schmalspießer kommt das Benehmen des alten Herrn ulkig vor, und mit neugierigem Jungensgesicht zieht er an ihn heran. Im nächsten Augenblick ist er wieder in der Dikkung; er hat eins auf das Ziemer gekriegt, daß es nur so brummte.

Ich will warten bis zur Ulenflucht. Dann

kommt noch mehr Leben in die Sache. Ich gehe über das gelbe Parkett von dürren Kastanienblättern, über den fahlen, sparsam mit Hahnenfuß und Maßliebchen gestickten Rasenteppich, sehe dem Grünspecht zu, der an der silberblättrigen Riesenweide zimmert, dem Zaunkönig, der aus den Brennesseln mich ausschimpft, mache ein paar Kuhtauben hoch, die im Fallaub Buch aufnahmen, lächle über ein Damwildkalb, das wie ungesund hin und her flüchtet, über ein Eichhörnchen, das mich vom sicheren Ast herab anschnauzt, und freue mich über das Rot und Gelb und Braun des Waldes.

Es ist so warm heute, daß ich auf der Veranda vespern kann. Die Luft ist dick und hüllt alles in blaugrauen Duft, eine leichtsinnige Fastnachtstimmung liegt über dem Walde. Das Bild stimmt, Waldkarneval ist noch heute. Jeder Baum ist vermummt, hat sich in die buntesten Lappen gehüllt. Die stolzen Buchen haben ein rotes Debardeurkostüm an, die Kastanie schäkert in einem rotgelben Domino, selbst die ernsten Eichen haben sich allerlei bunte Flitter angehängt. Warum auch nicht?

Was kann das schlechte Leben helfen? Morgen ist Aschermittwoch, dann ist der bunte Spaß vorbei. Das Graublau der Luft wird grau, die bunten Farben der Bäume erlöschen. Die Ulenflucht kommt heran. Ich gehe dem Fange zu. Da schreit immer noch der Platzschaufler. Vorsichtig schiebe ich mich näher und bleibe in guter Deckung stehen. Rechts von mir mahnt ein Damtier mit hoher Fistelstimme. Noch mehr rechts schreit ein zweiter Hirsch, jetzt ganz nahe.

Es ist ziemlich schummrig schon. Fahl ist das hohe Gras, das vorhin so goldig war, gespenstisch sehen die welken Bäume aus, die vor zwei Stunden mit frohen Farben prahlten. In den Fichten ruft der Waldkauz, eine verspätete Krähe quarrt hoch über mir, die kleinen Vögel schlafen längst alle.

Ein röchelnder Schrei ertönt links von mir. Ihm antwortet rechts ein anderer. Von links ertönt er wieder, aber näher, von rechts auch, und auch näher. So kommen sich die röchelnden Laute entgegen.

Zwei schwarze Schatten stehen sich jetzt gegenüber. Einmal noch will ein Kampfruf ertönen, aber er bricht kurz ab und endigt in einem Knallen und Prasseln. Dann ist es still. Und dann knallt und prasselt es wieder und wieder. Dann folgt ein Poltern, ein kurzer Knall, ein Knirschen wird hörbar, ein Rauschen im Laube, und wie ich leise vorwärts pürsche, sehe ich die Kämpen, eine lange dunkle Masse, sich hin und her schieben. Keuchen, Stöhnen, Schnauben, Ächzen begleitet den Kampf. Weiße Atemwolken fegen aus dem schwarzen Klumpen, fahle Blätter wirbeln umher.

Mit einem Schlage löst sich der Klumpen in zweie auf, der eine flüchtet keuchend an mir vorüber, hinterher der andere. Und dann folgt ein dumpfer Ton, als schlüge man mit einem Knüppel auf einen Mehlsack, und noch einer, und dann noch einmal ein Knallen und Prasseln, und wieder der grausame, dumpfe, häßliche Laut, und jetzt poltert der abgekämpfte Schaufler an mir vorbei.

Vor mir aber der andere Schaufler zieht laut schnaufend die Luft ein und schreit seinen Sieg stolz durch den dämmernden Wald. Ein zärtlicher, hingebender, verlangender Ruf antwortet ihm, dem zieht er entgegen, den schwer erkämpften Lohn sich zu holen.

Aber die Nacht ist noch lang, wer weiß, was sie bringt. Hinten, im hohen Ort, meldet sich schon wieder ein Nebenbuhler. Sein Schrei klingt tief und drohend und kommt näher.

Der Schwarze vor mir ist jetzt noch Sieger. Sein Nebenbuhler sitzt im Wundbett und kühlt die zerfetzten Keulen. Sein Besieger aber liegt morgen früh vielleicht steif und kalt auf sonnenbeleuchtetem Fallaub mit weit vorgequollenen gebrochenen Lichtern, und zwischen ihnen ist ein rundes Loch. Da traf ihn der Gegner. Und der pflückt jetzt die Rosen im herbstlichen Wald.

Detlev von Liliencron

Auf der Hühnerjagd

... Auch in diesem Jahre verlebte ich den September auf meinem Gute. Die Hühnerjagd wurde am Ersten eröffnet.

Es hat für mich einen besonderen Reiz, an einem schönen Sommerherbsttage in Begleitung des grauhaarigen Hans Tams, meines langjährigen Holzvogts, und meiner alten Hündin über die Felder zu gehen. Der Morgen ist so frisch; in die schon früh geöffneten Fenster zog der strenge Gartengeruch.

Bald ist der Kaffee genommen. Hans Tams hat die Jagdgeräte in den Wagen gelegt; wir steigen ein, und fort geht es in schlankem Trabe bis zu dem Punkte, wo die Suche beginnen soll.

Hans Tams stellt sich auf einen erhöhten Punkt, um von dort aus zu beobachten, wohin die Hühner streuen. Meine Hündin, in freudiger Bewegung, fängt an zu revieren. Halt! Sie markiert! Das Gewehr schußbereit haltend, schleiche ich, wie wenn ich im Begriff stände, einen hinterlistigen Mord auszuführen, heran. »So gut, so gut, alte Hündin, so schön.« Leäne (ein recht unpassender Name zwar, aber sie heißt einmal so) steht: starr, aus Stein gemeißelt. »So gut, Hündin, so gut.« Vorsichtig schreite ich näher. Halt ... »Avance« ... Und mit jenem surrenden Tone nimmt sich das Volk auf. Zwei Schüsse fallen schnell nacheinander. Der Hund springt zu und bringt mir die gefallnen Hühner. Sie sind noch jung; auf dem einen ist kaum der Anfang des rostbraunen Schildes zu erkennen. Hans

Tams kommt und macht seine Meldung: »Twe sünd achter Hinrich Kohr sin Koppel övern Tun flagen. Dat hevv ick man sehn, Herr.«

Die Jagd beginnt von neuem.

Allmählich ist es heiß geworden wie im Juli; mein leinener Kittel wird mir schon zu warm. Es ist gegen Mittag. Hans Tams und ich sind in meinem Dorfe angekommen. Am frischesten ist noch die Hündin, die jeden Wassertümpel benutzt hat, um ein Bad zu nehmen, was sie eben nicht verschönert hat.

Ich trete in den Krug, um den Wirt zu begrüßen...

Schnepfenspruch

Reminiscere, putzt die Gewehre!
Oculi, da kommen sie!
Lätare, das ist das Wahre!
Judika, sind sie auch noch da!
Palmarum, tralarum!
Quasimodogeniti, Jäger, halt, jetzt
brüten sie!

Johann Wolfgang von Goethe

Aus: »*Der Verfasser teilt die Geschichte seiner botanischen Studien mit*«

... Die ersten von mir herausgegebenen poetischen Versuche wurden mit Beifall aufgenommen, welche jedoch eigentlich nur den innern Menschen schildern, und von den Gemütsbewegungen genugsame Kenntnis voraussetzen. Hie und da mag sich ein Anklang finden von einem leidenschaftlichen Ergötzen an ländlichen Naturgegenständen sowie von einem ernsten Drange, das ungeheure Geheimnis, das sich in stetigem Erschaffen und Zerstören an den Tag gibt, zu erkennen, ob sich schon dieser Trieb in ein unbestimmtes unbefriedigtes Hinbrüten zu verlieren scheint.

In das tätige Leben jedoch sowohl als in die Sphäre der Wissenschaft trat ich eigentlich zuerst, als der edle Weimarische Kreis mich günstig aufnahm; wo außer andern unschätzbaren Vorteilen mich der Gewinn beglückte, Stuben- und Stadtluft mit Land-, Wald- und

Gartenatmosphäre zu vertauschen. – Schon der erste Winter gewährte die raschen geselligen Freuden der Jagd, von welchen ausruhend man die langen Abende nicht nur mit allerlei merkwürdigem Abenteuern der Wildbahn, sondern auch vorzüglich mit Unterhaltung über die nötige Holzkultur zubrachte. Denn die Weimarische Jägerei bestand aus trefflichen Forstmännern, unter welchen der Name Sckell in Segen bleibt. Eine Revision sämtlicher Waldreviere, gegründet auf Vermessung, war bereits vollbracht, und für lange Zeit eine Einteilung der jährlichen Schläge vorgesehen.

Auch die jüngeren Edelleute folgten wohlmeinend der vernünftigen Spur, von denen ich hier nur den Baron von Wedel nenne, welcher uns in seinen besten Jahren leider entrissen ward. Er behandelte sein Geschäft mit gradem Sinn und großer Billigkeit; auch er hatte schon in jener Zeit auf die Verringerung des Wildstandes gedrungen, überzeugt, wie schädlich die Hegung desselben nicht allein dem Ackerbau, sondern der Forstkultur selbst werden müsse.

Iwan Turgenjew

Wald und Steppe

... Und mehr und mehr erfaßt' ein Sehnen ihn
Nach seinem trauten Dorf, dem dunklen Garten,
Wo hoch und hehr die alten Linden stehn,
Im Schatten Maienglöcklein lieblich duften,
Die Weiden ihre runden Wipfel hin
Vom hohen Damm zum stillen Wasser neigen,
Die Eiche wurzelt in der Wiese Grund,
Umweht vom herben Duft des Hanfs, der Nessel ...
Dahin, dahin! ins weite, freie Feld,
Wo schwarz wie Samt die Ackererde schimmert,
Das reife Korn, so weit das Auge reicht,
In goldnen Wellen meeresgleich sich breitet,
Ein schwerer gelber Sonnenstrahl durchbricht
Die leuchtendweißen, runden Wolkenballen –
Wie gut ist's dort ...

(Aus einem Gedicht, das zum Verbrennen bestimmt war.)

Bevor ich von meinem Leser Abschied nehme, will ich noch einige Worte über die Jagd sagen.

Die Jagd mit der Flinte und dem Hund ist an und für sich etwas Herrliches; aber nehmen wir an, Sie sind kein Jäger, sind nicht zum Jäger geboren; gut, aber dann lieben Sie dennoch die Natur, folglich müssen Sie uns Jäger beneiden. Hören Sie!

Können Sie sich zum Beispiel vorstellen, was es für ein Genuß ist, im Frühling vor Sonnenaufgang auszufahren? Sie treten auf die Vortreppe hinaus... Am dunkelgrauen Himmel blinken hie und da noch die Sterne; ein feuchter Windhauch kommt dann und wann, einer leichten Welle gleich, gezogen; man hört das verhaltene, undeutliche Raunen der Nacht; die Bäume rauschen leise, schattenumhüllt. Nun wird ein Teppich über die Telega gebreitet, eine Kiste mit dem Samowar findet Platz am Kutschbock. Die Seitenpferde überläuft ein leichter Schauder, sie schnauben und stampfen sehr elegant mit den Beinen; ein paar eben erwachte weiße Gänse watscheln still und langsam über den Weg; hinter der Hecke schnarcht ruhig der Wächter; jeder Ton steht gleichsam in der erstarrten Luft, wie gebannt. Jetzt setzen Sie sich in den Wagen, die Pferde ziehen an, ein Ruck! und fort geht's holterdipolter, an der Kirche vorbei, den Hügel hinunter, den Damm entlang ... Über dem Teich schwebt ein leiser Dunstschleier. Es ist Ihnen vielleicht etwas kalt? Sie schlagen den Mantelkragen hoch und verdecken das Gesicht. Es ist Ihnen schlummrig zumute. Im schnellen Trab geht's durch aufspritzende Pfützen. Der Kutscher pfeift leise. Aber da haben Sie auch schon volle vier Werst zurückgelegt ... Am Rand des Firmaments zeigt sich eine schwachrosa Färbung. In den Birken erwachen allmählich die Dohlen und fliegen ungeschickt hin und her. Die Sperlinge zwitschern neben den dunklen Heuschobern. Es wird heller, der Weg wird sichtbarer, der Himmel klarer, die Wölkchen werden weiß, die Felder ergrünen. In den Hütten der Bauern glühen Kienspäne mit rotem Licht auf. Hinter den Türen werden verschlafene Stimmen laut. Aber inzwischen erglüht das Morgenrot. Schon zeigen sich goldene Streifen am Himmel. Aus den Schluchten steigen Dämpfe auf. Die Lerchen tirilieren. Der Wind, der sich häufig vor Tagesanbruch erhebt, beginnt leise zu fächeln – und nun taucht die rote Sonne am Horizont empor. Ein Strom von Licht ergießt sich über die Erde. Das Herz erbebt vor Freude. Alles ist so morgenfrisch, so freudvoll, so angenehm! Der Blick dringt in weite Fernen. Dort, hinter dem Wäldchen, liegt ein Dorf. Etwas weiter hinaus ist ein zweites zu sehen, mit einer weißen Kirche. Ein Birkenwäldchen auf jenem Hügel! Dahinter ist das Moor, wohin Sie fahren ... Hurtiger, ihr Pferde! Hurtiger! Vorwärts in großem Trab! ... Es sind nur mehr etwa drei Werst geblieben. Die Sonne steigt rasch höher. Der Himmel ist rein ... Das Wetter wird herrlich. Aus dem Dorf zieht uns eine Herde entgegen. Nun ist die Anhöhe erglommen ... Welch herrlicher Ausblick! Der Fluß schlängelt sich etwa zehn Werst weit vor unseren Augen hin, bläulich durch den Nebel schimmernd. In weiterer Ferne wässeriggrüne Wiesen. Hinter den Wiesen abschüssige Hügel. Dort kreisen Kiebitze mit Gekreisch über dem Moor. In dem feuchten Glanz der Morgenluft tritt der fernste Punkt klar hervor ... Wie frei atmet die Brust, wie rasch bewegen sich die Glieder, wie fühlt sich der ganze Mensch gehoben im Hauch des Frühlings!...

Und erst der sommerliche Julimorgen! Wer, außer dem Jäger, hat empfunden, wie beseligend es ist, in der Morgendämmerung im Gebüsch umherzuschweifen? Beim Durchwandern des taufeuchten Grases bleibt eine grüne Spur zurück. Man schiebt einen nassen Strauch auseinander, aus dem einem der warme Duft der Nacht, der sich darin gesammelt hatte, entgegenschlägt. Die Luft ist gesättigt mit dem bitteren Duft des Wermutkrautes, dem süßen des wilden Buchweizens und des Wiesenklees. In der Ferne steht wie eine Mauer der Eichenwald und glänzt und schimmert hellrot in der Sonne. Es ist noch kühl, aber man spürt schon die Nähe der sommerlichen Hitze. Der Kopf schwindelt einem von der Überfülle der Düfte. Überall Busch und Strauch... Hie und da schimmert gelb in der Ferne reifender Roggen, oder es zeigen sich die schmalen Streifen rötlichen Buchweizens. Da knarrt eine Telega, bedächtigen Schritts geht daneben ein Bauer, stellt sein Pferd in den Schatten... Man begrüßt sich. Der Wagen fährt weiter. Der helle

Klang einer Sense erreicht unser Ohr. Die Sonne steigt höher und höher. Rasch trocknet das Gras. Schon ist es heiß. Es vergeht eine Stunde, und dann noch eine ... Der Himmel nimmt an den Rändern eine dunklere Färbung an. Die Luft steht, die Sonne sticht. – »Wo, Bruder, kann ich hier wohl einen Schluck Wasser haben?« fragt man den Schnitter. – »Ach ja, gleich hier in der Schlucht ist eine Quelle.« Zwischen Haselnußstauden und durch allerlei Rankenwerk geht es hinunter in die Schlucht. Und richtig: just unterhalb des steilen Abhanges verbirgt sich eine Quelle; ein Eichengebüsch breitet seine handförmigen Blätter gierig über dem Wasser aus. Große silberne Blasen erheben sich schaukelnd von dem mit feinem, samtartigem Moose bedeckten Boden. Man wirft sich auf die Erde und trinkt sich satt. Man ist dann müde, ein wenig träge. Es ist so schattig hier, man atmet die duftige Feuchtigkeit ein, und es ist einem so wohl zumute; in den Sträuchern aber glüht es, sie werden förmlich gelb in der Sonne.

Aber was ist das? Plötzlich erhebt sich ein Wind, der sogleich wieder verebbt. Die Luft erzittert ringsumher. Ob das nicht ferner Donnerschlag ist? Sie treten aus der Schlucht hinaus... Was ist das für ein bleifarbener Saum am Horizont? Hat die Hitze sich so verdichtet? Schiebt sich eine Wolke heran?... Es blitzt. Ach, das ist ja ein Gewitter! Ringsumher strahlt die Sonne, man kann also noch jagen gehn. Aber die Wolke wächst: ihr vorderer Rand schickt einen Arm aus, der sich herunterwölbt. Das Gras, das Gebüsch, alles wird plötzlich dunkel... Rasch! dort scheint ein Heuschober zu stehen... Schnell!... Nun sind Sie dort angelangt und eingetreten... Was für ein Platzregen! Diese Blitze! Hie und da tropft Wasser durch das Strohdach aufs Heu... Aber schon strahlt die Sonne wieder. Das Gewitter ist vorbei. Sie treten ins Freie. Mein Gott, wie heiter glänzt alles ringsumher, wie frisch ist die Luft, wie leicht! Wie duftet es nach Erdbeeren und Pilzen!...

Es wird Abend. Das Abendrot erglüht wie eine Feuersbrunst und überzieht den halben Himmel. Die Sonne versinkt. In der Nähe ist die Luft von einer besonderen Durchsichtigkeit, wie Glas; in der Ferne hingegen schwebt ein weicher Dunst; zusammen mit dem Tau fällt ein hellroter Glanz auf die Waldwiese, die noch unlängst von Strömen flüssigen Goldes übergossen war. Die Bäume, die Sträucher, die hohen Heuschober werfen lange Schatten ... Die Sonne ist nun untergegangen. Ein Stern entzündet sich im Feuermeer des Sonnenuntergangs ... Es dämmert ... Der Himmel wird blau. Einzelne Schatten verschwinden. Dunst breitet sich aus. Es ist Zeit, nach Hause zu gehen, ins Dorf, in die Bauernhütte, wo Sie übernachten wollen. Die Flinte auf der Schulter, marschieren Sie rasch dahin, ungeachtet Ihrer Müdigkeit ... Inzwischen ist es Nacht geworden, man sieht keine zwanzig Schritte weit. Doch dort über jenen dunklen Sträuchern ist der Rand des Himmels undeutlich erhellt ... Was mag das sein? Ein Brand? ... Nein, das ist der Mond, der dort soeben aufgeht. Und dort in der Ferne schimmern schon die Lichter im Dorfe. Da ist endlich auch Ihre Hütte. Durch das Fenster sehen Sie den mit einem weißen Tischtuch gedeckten Tisch, eine brennende Kerze, das Abendessen ...

An einem andern Tag wird die Renndrosch-

ke eingespannt, und es geht in den Wald auf die Haselhühnerjagd. Wie lustig ist es, auf einem schmalen Weglein zwischen zwei Kornfeldern hindurchzufahren! Die Ähren streifen Ihr Gesicht. Kornblumen heften sich im Vorbeifahren an Ihre Füße. Die Wachteln schlagen ringsumher. Das Pferd läuft in einem trägen Trab. Da ist der Wald! Schatten und Stille! Stattliche Espen lispeln hoch über Ihrem Haupte. Die langen hängenden Zweige der Birke bewegen sich kaum. Die mächtige Eiche steht wie ein Kämpfer neben der schönen Linde. Sie fahren über ein grünes, mit den Schatten der Blätter bemustertes Weglein. Große, gelbschwarz gestreifte Fliegen halten sich schwebend auf einem Punkt in der goldigen Luft und schießen plötzlich weg. Mücken heben und senken sich in Säulen, heller im Schatten, dunkler in der Sonne. Die Vögel singen friedvoll. Das Stimmchen der Grasmükke erklingt in unschuldiger, schwatzhafter Freude: sie paßt zum Duft der Maiglöckchen. Weiter! Weiter! Tiefer in den Wald hinein! Die Luft im Wald wird stickig... Eine unbeschreibliche Stille herrscht hier und erfüllt die Seele. Auch ringsumher ist alles so schlummrig und still. Aber nun weht der Wind, und die Wipfel der Bäume beginnen zu rauschen wie flutende Wellen. Durch das vorjährige dunkle Laub am Boden wachsen hie und da hohe Gräser hervor, die Pilze stehen hübsch gesondert unter ihren Hütchen. Ein weißer Hase springt plötzlich hervor. Der Hund jagt mit lautem Gebell hinter ihm her.

Und wie schön ist dieser selbe Wald im späten Herbst, wenn die Waldschnepfen geflogen kommen! Sie halten sich nicht im Dickicht auf, man muß sie dem Waldessaum entlang suchen. Es ist kein Wind, die Sonne ist weg, es gibt keine Schatten, nichts bewegt sich, alle Geräusche haben aufgehört. In der weichen Luft schwebt ein Herbstduft, ähnlich dem des

Weines. Ein feiner Nebel steht in der Ferne über den gelben Feldern. Zwischen den entlaubten dunkelbraunen Ästen schimmert weißlich der eherne Himmel durch. Hie und da hängen an den Lindenzweigen noch einige goldene Blätter. Die feuchte Erde gibt unter den Füßen elastisch nach. Die hohen trockenen Grashalme bewegen sich nicht. Lange Spinnfäden glänzen auf dem verblichenen Grase. Ruhig atmet die Brust, und zugleich kommt eine seltsame Unruhe über die Seele. Man geht am Saum des Waldes so dahin, sieht nach seinem Hund; inzwischen ruft aber die Erinnerung Bilder von lieben Menschen, lebenden und verstorbenen, herauf; Eindrücke, die längst verwischt und vergessen schienen, erwachen plötzlich; unser Gedanke jagt auf den Flügeln der Einbildungskraft wie ein Vogel dahin, und vor unseren Augen steht und bewegt sich alles in so großer Klarheit! Bald drängt das Herz leidenschaftlich ins Künftige, bald versinkt es in einem Meer von Erinnerungen. Das ganze Leben entfaltet sich leicht und schnell wie eine Rolle; alles, was ihm je begegnet ist, alles, was er je empfunden und getan hat: alles ist dem

Menschen gegenwärtig. Und nichts stört ihn in seinem Sinnen – weder Sonne noch Wind, noch irgendein Geräusch...

Und dann ein heller, etwas kalter, in der Morgenfrühe frostiger Herbsttag, wenn die Birke, wie ein Baum im Märchen, sich golden abzeichnet vom hellblauen Himmel; wenn die niedrigstehende Sonne nicht mehr wärmt, dafür aber greller als im Sommer glänzt; wenn der kleine Espenhain durchscheinend ist, als wäre ihm wohl, so entblößt dazustehen; wenn der Reif weißschimmernd im Talgrund liegt und der frische Wind das welke Laub aufwirbelt und dahinjagt; wenn über den Fluß hin der Wellenschlag die verstreut schwimmenden Gänse und Enten lustig hüpfen und tanzen läßt. In der Ferne klappert eine Mühle, die von einem Weidengebüsch halb verdeckt ist, und bunt schimmernd drehen sich über ihr im Kreise – Tauben im Flug...

Aber sogar auch die nebeligen Tage im Sommer sind schön, obzwar die Jäger sie nicht lieben. An solchen Tagen kann man nicht schießen: ein Vogel, der direkt vor unseren Füßen auffliegt, verschwindet sofort in dem weißlichen Dunkel des dichten Nebels. Aber wie still, wie unsagbar still ist es ringsumher! Alles ist wach und alles schweigt. Sie gehen an einem Baum vorbei – er rührt sich nicht, ist sich in seiner Schönheit selbst genug. Durch den feinen Dunst, der in der Luft gleichmäßig zerteilt ist, erblicken Sie einen langen schwärzlichen Streifen. Sie meinen, es sei ein Wald, nähern sich, und der vermeintliche Wald entpuppt sich als ein hochragendes, mit Wermutpflanzen bedecktes Feld am Grenzrain. Über Ihnen, neben Ihnen, überall ist Nebel ... Aber da hebt sich ein leichter Wind – und schon tritt ein Stück blaßblauen Himmels undeutlich durch den dünner werdenden, wie Rauch aufwallenden Dunst hervor; ein goldgelber Strahl dringt plötzlich ein, überrieselt alles mit einem Strom von Licht, streift über die Felder hin, lehnt sich an den Wald – und gleich darauf ist alles wieder im Nebel erstickt. Lange dauert dieser Kampf, aber wie herrlich und klar wird der Tag, wenn das Licht endlich triumphiert, die letzten Schwaden des erwärmten Nebels sich senken und ausbreiten wie Linnen oder in der zartleuchtenden Höhe verschwinden ...

Ein andermal schicken Sie sich an, in ein von Ihrem Wohnsitz weit entferntes Jagdgebiet zu fahren: in die Steppe! Ungefähr zehn Werst haben Sie auf schlechten Feldwegen zurückzulegen. Endlich kommen Sie auf die große Chausee hinaus! Nun geht's vorbei an unendlichen Wagenzügen, vorbei an kleinen Einkehrwirtshäusern, wo unter dem Schutzdach schon der Samowar kocht und brodelt, die Türen alle sperrangelweit offen sind, vorbei an den Ziehbrunnen, den vielen Dörfern, vorbei an unübersehbaren grünen Hanffeldern ... lange, lange fahren Sie so. Die Elstern fliegen von Baum zu Baum. Weiber mit langen Rechen ziehen ins Feld. Ein müder Wanderer in einem abgetragenen Nankingkaftan pilgert mühselig dahin. Ein schwerer Gutsbesitzerwagen, bespannt mit sechs stämmigen, aber abgetriebenen Pferden, kommt Ihnen langsam entgegen. Aus dem Fenster guckt der Zipfel eines Polsters hervor, und auf dem Tritt hinten am Wagen sitzt auf einem aus Bast geflochtenen Sack seitwärts der Lakai in einem Mantel, bespritzt bis auf die Augenbrauen, und hält sich fest an einem Schnürchen. Da ist das Kreisstädtchen mit seinen schiefen Holzhäusern, unendlichen Zäunen, unbewohnten steinernen Kaufmannshäusern und einer altersschwachen Brücke über einer tiefen Schlucht... Weiter, immer weiter! Hier beginnen schon steppenartige Flächen aufzutauchen. Sie betrachten diese Gegend von einem Hügel aus: – welch ein Anblick! Runde niedrige Hügel, von unten bis oben beackert und besät, laufen in breiten Wellen auseinander. Mit Gebüsch bewachsene Schluchten ziehen sich zwischen ihnen hin. Kleine Wäldchen liegen als längliche Inseln da und dort verstreut. Von Dorf zu Dorf winden sich schmale Pfade. Kirchen schimmern weiß. Zwischen den Weiden glitzert ein Flüßchen. Weit im Feld stehn in langer Reihe Trappen. Ein altes Herrenhaus, mit seinen Wirtschaftsgebäuden, seinem Obstgarten und seiner Tenne, sitzt an einem Teich. Aber weiter, weiter! Die Hügel werden niedriger, es ist fast kein Baum mehr zu sehen. Da ist sie endlich, die unabsehbare, schier grenzenlose Steppe!...

Und an einem Wintertag über hohe Schneehaufen hinweg, Hasen nachzuspüren, die scharfe, frostige Luft einzuatmen, fast geblendet vom Gefunkel des weichen Schnees, zu bewundern die grüne Farbe des Himmels über dem rötlichen Wald!... Und die ersten Tage des Frühlings, wenn ringsumher alles funkelt und neu wird, wenn durch den schweren Dunst des geschmolzenen Schnees schon ein Hauch von der erwärmten Erde aufsteigt, wenn auf den schrägen Strahlen der Sonne die Lerchen zutraulich tirilieren, Sturzbäche mit lautem Tosen und Gebrüll von Schlucht zu Schlucht hinabstürzen!...

Jedoch ist es Zeit, diese Aufzeichnungen zu beenden. Im rechten Augenblick hab' ich angefangen, vom Frühling zu reden: Im Frühling tut das Scheiden nicht weh, dann zieht es auch Glückliche in die Ferne... Leben Sie wohl, mein Leser; ich wünsche Ihnen ein beständiges Glück.

Quellennachweis

Für die Veröffentlichung folgender Beiträge sind wir den Rechteinhabern zu Dank verpflichtet:
Tania Blixen, Großes Glück mit Löwen, aus: Afrika, dunkel lockende Welt, Manesse Verlag, Zürich 1986
Peter Huchel, Erste Lese-Erlebnisse, aus: Gesammelte Schriften, Band 2, Suhrkamp Verlag, Frankfurt a. M. 1984
Ernst Wiechert, Mein erster Adler, aus: Wälder und Menschen. Albert Langen Georg Müller Verlag in der F. A. Herbig Verlagsbuchhandlung GmbH, München

Die Abbildungen der Scherenschnitte entnahmen wir dem Band »Scherenschnitte und Schattenrisse« von Ernst Biesalski. Verlag Georg D. W. Callwey, München 1964

Jagd vorbei

CIP-Titelaufnahme der Deutschen Bibliothek

Kleine Geschichten über die Jagd
ges. und hrsg. von Urs Rose.
Stuttgart: Engelhorn Verlag, 1989
(Engelhorn-Bücherei)
ISBN 3-87203-069-8
NE: Rose, Urs [Hrsg.]

Lektorat: Renate Jostmann
Typographische Gestaltung: Brigitte Müller
Satz: Uhl + Massopust GmbH, Aalen
Druck und Bindearbeiten: Clausen & Bosse, Leck
Printed in Germany